Abendmahl feiern mit Kindern

Anregungen, Modelle, Bausteine

Johannes Blohm

Abendmahl feiern mit Kindern
Anregungen, Modelle, Bausteine

Claudius Verlag

Die Deutsche Bibliothek – CIP-Einheitsaufnahme

Blohm, Johannes:
Abendmahl feiern mit Kindern : Anregungen, Modelle, Bausteine /
Johannes Blohm. – München : Claudius-Verl., 1998
ISBN 3-532-62219-X

Illustrationen: FASSOLD CARTOONS, Nürnberg
Satz / Herstellung: Heidrun Barth
Druck: Format Druck, Rosenheim

ISBN 3-532-62219-X

Inhalt

ENTSCHEIDUNGEN TREFFEN
Praktische Anregungen auf dem Weg zum Ziel

MODELLE
Zur Einstimmung, Vorbereitung und zum Feiern

»Mama, bin ich zu klein für Jesus?«
Eine ernstzunehmende Anfrage

Bei einer Trauung soll auf Wunsch der Eheleute das Abendmahl gefeiert werden. An dem Gottesdienst nehmen auch nichtkonfirmierte Kinder teil. Alle Eltern werden vor dem Gottesdienst gefragt, ob ihre Kinder auf eine gemeinsame Abendmahlsfeier vorbereitet sind, ob sie in ihren Heimatgemeinden schon bei der Feier des Abendmahles dabei sind und ob sie die Austeilung des Brotes (kein Wein, so der Wunsch einiger Eltern) an die Kinder mittragen können.

Bis auf eine Mutter stimmen alle Eltern zu und befürworten, daß ihre Kinder an der Gemeinschaft aller teilhaben. Die Mutter bittet um die Segnung der beiden jüngeren Kinder. Die älteste Tochter ist bereits konfirmiert. Während der Austeilung passiert es: das jüngste der drei Geschwister, ein sieben Jahre alter Junge, sieht, daß die neben ihm Sitzenden (die konfirmierte Schwester und die Mutter) das Brot mit einem Gebewort empfangen, er aber mit Handauflegung gesegnet wird. Mit weit geöffneten Augen und empfangsbereit entgegengestreckten Händen läßt der Junge das mit sich geschehen. Als das Brot der nächsten Kommunikantin gereicht wird, bricht es leise und unter Tränen aus ihm heraus: »Mama, bin ich zu klein für Jesus?«

Nicht nur der Mutter und den Erwachsenen, die das gehört haben, sondern auch mir, gingen diese Worte unter die Haut. Was hatten wir getan? Im Bemühen um eine »saubere« Lösung hatten wir den berechtigten Wunsch eines Kindes, auch Anteil zu haben an dem, wozu alle Anwesenden eingeladen worden waren, nicht ausreichend bedacht und deswegen ignoriert. Was mag in diesem Augenblick in dem Jungen an Vorstellungen und Erwartungen zerstört worden sein.

Dieses Erlebnis, das mit dem Jungen geführte Gespräch und insbesondere seine Fragen, warum alle anderen, aber er nicht das Abendmahl bekommen haben, machten mir erneut deutlich, daß es höchste Zeit ist, dieses Thema (wieder) aufzugreifen. Aufzugreifen, um in der Kirche für die Zukunft eine Türe zu öffnen, die derzeit noch vielerorts verschlossen ist.

Ein anstößiges Buch? Hoffentlich!
Warum es gut ist, alles Weitere zu lesen

Bei den Vorarbeiten für dieses Buch schrieb mir ein Kollege: »Wir brauchen eigentlich kein neues Buch. Was wir brauchen, sind Gemeinden, die Kinder zum Abendmahl einladen.«

Und die brauchen wir wirklich dringend: Gemeinden mit Mut, die sich an das anstößige Thema herantrauen und endlich die Kinder an dem Anteil haben lassen, was ihnen als Getauften ohnehin offensteht. Diesen Mut will das Buch in den Gemeinden wecken oder wiederbeleben.

Unbestreitbar ist das Thema immer noch (oder schon wieder) ein Thema, an dem sich die Geister scheiden. Scheinbar unversöhnlich stehen sich Befürworter und Gegner einer Zulassung der Kinder zur Abendmahlsfeier gegenüber. Tradition und Innovation werden in einer nicht nachvollziehbaren Weise gegeneinander ausgespielt. Ergebnis ist, daß es die Kinder sind, die unter dem Unvermögen der Erwachsenen, sich auf etwas Neues einzulassen und die Interessen der Kinder zu beachten, leiden müssen.

Wohin das führen wird, läßt sich erahnen: Ausschluß von der Gemeinschaft wird als Ausschluß von der Gemeinde erfahren. Die später daraus gezogenen Konsequenzen eines Rückzuges bis hin zum endgültig vollzogenem Austritt sind nachvollziehbar.

In der Diskussion und der Literatur zum Thema finden sich unterschiedliche Bezeichnungen: »Abendmahl mit Kindern«, »Mit Kindern Abendmahl feiern« oder »Kinder feiern das Abendmahl«. Trotz unterschiedlicher Akzentuierungen der Umsetzung und Gestaltung, insbesondere durch eigene Abendmahlsfeiern für Kinder, liegt überall dieselbe Intention zugrunde: Abendmahl und Kinder zusammenzubringen.

Mit der Formulierung »Abendmahl feiern mit Kindern« wird diese Intention ebenfalls aufgegriffen. Aber es soll darüber hinaus angezeigt werden, daß die Feier des Abendmahles gemeinsam und einheitlich erfolgen muß und nicht getrennt nach Altersgruppen oder Gestaltungsformen: für die einen mit Brot und Wein, für die anderen mit Keksen und Tee.

So will dieses Buch in der Tat ein anstößiges Buch sein. Es will Gemeindegliedern und Gemeinden Anstöße geben und Mut machen, Ansätze zu einer lebendigen und umfassenden Gemeinschaft in der Gemeinde positiv zu beurteilen und sich dafür zu engagieren. Es will für diesen, manchmal sehr steinigen Weg, Anregungen und Hilfestellungen geben. Dazu werden die Argumente in der Auseinandersetzung um Pro und Contra vorgestellt, Vorschläge gemacht für eine sinnvolle Abfolge von Schritten auf dem Weg zu dem Ziel einer Abendmahlsfeier aller Gemeindeglieder und praktische Möglichkeiten vorgestellt, wie die Kinder (und auch die Erwachsenen) auf das gemeinsame Feiern vorbereitet werden können.

Dieser Intention entspricht es auch, daß nicht eine bis ins letzte Detail geführte wissenschaftliche Diskussion zum Thema Abendmahl den Vorrang hat, sondern eine knappe Darstellung der relevanten Fakten und ein breites Spektrum praktischer Anregungen und vielfach einsetzbarer Bausteine.

Es bleiben die Hoffnung und der Wunsch, daß

- von diesem Buch viele kräftige Anstöße ausgehen für engagierte Gemeindeglieder und Gemeinden,

- sich dort, wo das Thema »Abendmahl feiern mit Kindern« immer noch als anstößig und unpassend empfunden wird, sich viele anstoßen lassen und es gelingt, ein neues Denken und Empfinden in Gang zu setzen mit dem Ziel einer alle einschließenden, fröhlichen und stärkenden Gemeinschaft der Heiligen.

»Laßt die Kinder zu mir kommen. Hindert sie nicht daran!« Diesen Auftrag hat die christliche Gemeinde von Jesus bekommen, verbunden mit der Verheißung: »Denn Menschen wie ihnen gehört das Reich Gottes.« Hindert sie nicht daran!

Abendmahl feiern mit Kindern – Pro und Contra

Historische, theologische und pädagogische Grundlegungen

Abendmahl feiern mit Kindern: (k)ein Thema?
Was uns heute begegnet

Das Thema »Abendmahl feiern mit Kindern« ist nach den starken Impulsen aus der Gottesdienst- und Gemeindeaufbaudiskussion und den darauf folgenden Aufbrüchen in den Gemeinden Ende der 70er, Anfang der 80er Jahre wieder in den Hintergrund getreten. Erst in jüngster Zeit findet es wieder verstärkt Beachtung, weil hauptsächlich Eltern, Mitarbeitende und Kirchenvorstände ihr Interesse daran deutlich artikulieren.

Für viele ist der derzeitige Zustand unbefriedigend, weil in den meisten Gemeinden nach wie vor die Kinder nicht am Abendmahl teilnehmen dürfen und weil der Eindruck entsteht, daß das Thema für Gemeinde- und Kirchenleitungen, insbesondere für Pfarrerinnen und Pfarrer wenig Bedeutung hat und auch alle Versuche, es zum Thema zu machen, ziemlich schnell abgewürgt werden. Viele wünschen einfach, was für sie selbstverständlich zur Gemeinschaft in der Gemeinde gehört: Abendmahl feiern mit den Kindern.

Wie schwierig es ist, die Abendmahlsgemeinschaft aller Wirklichkeit werden zu lassen, belegen zwei Beispiele.

1. Beispiel:

Zum gemeinsamen Abschluß eines Fortbildungswochenendes ist die Feier eines Gottesdienstes vorgesehen. Die Vorbereitungsgruppe schlug vor, einen Abendmahlsgottesdienst zu feiern. Von einer Teilnehmerin wurde vorsichtig der Hinweis eingebracht, daß auch nichtkonfirmierte Kinder anwesend seien und wie es um deren Teilnahme stehe. Diese Frage veranlaßte ein Mitglied aus der Vorbereitungsgruppe zu einer heftigen Reaktion: Alle seien getauft, da gebe es keine Probleme mit der Teilnahme. Die weiteren Einwände, daß es eventuell Schwierigkeiten mit der Heimatgemeinde geben könne, wenn dann dort die Kinder am Abendmahl teilnehmen wollten, aber nicht könnten und daß die Kinder ohne Vorbereitung den Sinn der Feier nicht verständen, führten zu einer allgemeinen Verunsicherung. Ergebnis war, daß die Kinder während der Abendmahlsfeier zwar gesegnet wurden, aber das Abendmahl nicht mitfeierten. Es blieb bei allen ein unbefriedigendes Gefühl zurück.

2. Beispiel:

Im Laufe der Vorbereitung einer landesweiten Tagung für Mitarbeitende im Kindergottesdienst und der kirchlichen Arbeit mit Kindern entstand die Vorstellung, das Tagungsthema »Gebt den Kindern ihren Platz« auch im Gottesdienst umzusetzen und eine gemeinsame Abendmahlsfeier vorzubereiten. Mit der Feier sollte ein Signal an die Gemeinden gegeben werden, sich der Thematik zuzuwenden und dafür Sorge zu tragen, daß Kinder zum Abendmahl eingeladen werden. Mit großer Behutsamkeit wurden daraufhin die Gespräche geführt. In der Mitarbeiterschaft, zum Teil auch Eltern, deren Kinder zwischen fünf und zehn Jahren alt waren und damit zur Zielgruppe gehörten, wuchs die Bereitschaft, sich darauf einzulassen. Aber von der Gemeindeleitung kam ein deutlicher Vorbehalt, der einem Nein gleichzusetzen war. Verwiesen wurde darauf, daß die Kinder erst bei der Konfirmation zum Abendmahl zugelassen seien. Um einen dem gemeinsamen Feiern abträglichen Streit um das Abendmahl nicht aufkommen zu lassen, wurde das Vorhaben nicht weiter verfolgt.

Beide Beispiele belegen, wie vehement die Positionen aufeinanderprallen und das Gespräch erschweren. Bedauerlich ist, daß diese Konfrontation zu Lasten der Kinder und Erwachsenen in den Gemeinden geht, die sich dezidiert für die Gemeinde entscheiden, sie mittragen und mitgestalten wollen.

Ein verheißungsvoller Weg beginnt
Ein Blick zurück

Ein Blick in die Geschichte der Kirche zeigt, daß die frühe Kirche die Kinderkommunion gefeiert hat. In Berichten finden sich nicht nur Hinweise auf die Taufkommunion, d. h., daß die Kinder nach der Taufe das Abendmahl meist in der Form empfingen, daß die Hostie in den Wein eingetaucht wurde. Offenbar empfingen die Kinder auch weiterhin die Eucharistie. Es gibt »keinen Zweifel daran, daß die Kinderkommunion eine feststehende Tatsache war.« (Hermans, S. 53)

Auch Augustinus hielt an der Teilnahme von Kindern am Abendmahl fest. »Es sind Kinder, aber sie werden zu Gliedern von Ihm (Christus). Es sind Kinder, aber sie empfangen seine Sakramente. Es sind Kinder, aber sie werden seine Tischgenossen, damit sie das Leben in sich haben.« (nach Hermans, S. 53) Ganz offensichtlich war in den ersten Jahrhunderten die Taufe noch das einzige Zulassungskriterium zum Abendmahl.

Ab dem 11. Jahrhundert kam es unter dem Aufblühen des Schulwesens und der Hochschätzung der schulischen Bildung zu einer tiefgreifenden Wende. Die Stellung der Kinder änderte sich in Gesellschaft und Kirche. Die Kindertaufe etablierte sich, aber sie galt kaum mehr als Zulassung zum Abendmahl. Wichtig wurde, daß die Kinder vor der Zulassung zum Abendmahl erst dessen Bedeutung verstehen mußten. Das Firmungsalter wurde kontinuierlich angehoben auf 10 Jahre und mehr. Es galt die Ansicht: »Um an der eucharistischen Kommunion teilnehmen zu können, mußte der junge Mensch die Jahre der Unterscheidung erreicht haben. Die grundlegende Tatsache zur Beurteilung des Kindes in der Liturgie war nicht mehr seine besondere Unschuld, sondern sein Unvermögen und seine Unzulänglichkeit.« (Hermans, S. 116) Nur der Entstehung des kirchlichen Schulwesens ist es zu danken, daß Kinder als Meßdiener und Choralscholen noch eine gewisse Stellung in der Kirche und Funktion in der Liturgie behielten.

Die Vorstellung von einer intensiven Vorbereitung auf das Abendmahl fand zunehmend Verbreitung. In der Zeit der Gegenreformation und darüber hinaus wurde die Vorbereitungszeit immer detaillierter gestaltet. Die Kinder mußten sich einer speziellen Katechese zur Vorbereitung auf den ersten Empfang unterziehen. Die bis heute geltende Vorstellung einer besonderen Vorbereitungszeit um das zehnte Lebensjahr oder später war geboren. Diese Vorbereitung wurde zum Zulassungskriterium für das Abendmahl. Die Taufe als alleinige Zulassungsbedingung war zurückgedrängt worden. (vgl. Hermans, S. 119 ff) In diesem Umfeld entwickelte sich dann auch ein eigener Ritus für die erste Teilnahme am Abendmahl, die Konfirmation.

In den beiden zurückliegenden Jahrhunderten kam es wieder zu einer größeren Veränderung in der Einstellung zu den Kindern. Sie wurden als eigenständige Subjekte angesehen und waren nicht nur Objekte im Handeln der Erwachsenen. Die Kirche hatte daran einen gewissen Anteil durch ihr diakonisches Engagement für die vielen Straßenkinder und Kinder in den Randsiedlungen der Städte und durch die Einführung eines Gottesdienstes speziell für Kinder, dem Kindergottesdienst. Eine späte Folge der neuen Einstellung zu den Kindern ist auch die Diskussion über die Zulassung von Kindern zum Abendmahl.

Diese Diskussion hatte ihren Ursprung in einem neuen Nachdenken über Liturgie und Gottesdienstgestaltung. Dabei kam auch die Feier des Abendmahls in den Blick der Reformer. Neben dem Erproben von neuen Formen der Gestaltung wie dem Feierabendmahl, Agapemahl, Tischabendmahl oder wie immer diese genannt wurden, stellte sich auch bald die Frage, warum die Kinder vom gemeinsamen Feiern ausgeschlossen seien. Die Beobachtung, daß die Konfirmation für viele Kinder die erste und für längere Zeit auch die letzte Begegnung mit dem Abendmahl ist, gab (und gibt bis heute) zusätzlichen Diskussionsstoff.

Neben der grundsätzlichen Anfrage gab auch die Weitung des Abendmahlsverständnisses dem Thema insgesamt eine neue Wendung. War bislang der Aspekt der Sündenvergebung (Buße, Umkehr »Weißt du nicht, daß dich Gottes Güte zur Umkehr leitet?« Römer 2,4) im Verständnis des Abendmahls vorherrschend, wurden nun die Aspekte Gemeinschaft, Befreiung, Gedächtnis, Dank, Hoffnung auf das große Abendmahl bei Gott erneut entdeckt und gefeiert. Die Vorstellung vom Abendmahl als offene Gemeinschaft, zu der alle eingeladen sind, wurde wiederbelebt. Der Gesichtspunkt der Einladung bekam ein weitaus größeres Gewicht als der der Zulassung. Diese Offenheit gründet sich auf Jesus und seinen Umgang mit den Sündern und Zöllnern und auf den Aspekt des zukünftigen Freudenmahls. (vgl. TRE, S. 317) Auch ist in keinem der biblischen Abendmahlsberichte der Aspekt der Sündenvergebung als der wichtigste beschrieben.

Vielmehr stehen die Gemeinschaft, die Feier des gegenwärtigen Christus und der Empfang der Gaben des neuen Lebens im Vordergrund.

Aus dieser Gemeinschaft sollten die Kinder nicht ausgeschlossen sein. Das bedeutete aber eine Änderung der bisherigen, sehr didaktisch geprägten Vorstellung (Hinführung der Kinder zum Abendmahl) und der Auffassung, daß die Kinder erkennen sollten, daß das Abendmahl Bestandteil des Gottesdienstes ist (vgl. TRE, S. 317). Diese Änderung erfolgte recht schnell auf Grund der ersten Erfahrungen von gemeinsamen Abendmahlsfeiern mit Kindern, die alle auf dieselbe Erkenntnis hinausliefen: Kinder bereichern die Abendmahlsfeiern. Nicht nur für die Kinder war das Neuland, sondern auch für die Erwachsenen. Und beide profitierten davon. »Mit der Teilnahme von Kindern am Heiligen Abendmahl verbindet sich die Hoffnung, daß die Abendmahlsfrömmigkeit und die Abendmahlspraxis unserer Gemeinden lebendiger und reicher wird.« (VELKD, Nr.1/1978, S. 8)

1977 erschien die Handreichung »Teilnahme von Kindern am Heiligen Abendmahl« der Generalsynode der Vereinigten Evangelisch-Lutherischen Kirche in Deutschland (VELKD) in Bad Gandersheim, die einerseits die Kirchen und Gemeinden zu neuen Schritten ermutigte, d. h. zur Zulassung der Kinder zum Abendmahl, andererseits aber auch Behutsamkeit und Rücksichtnahme auf bisherige Traditionen forderte.

Diese Linie griffen die meisten landeskirchlichen Verlautbarungen und Empfehlungen auf (vgl. Comenius Institut: Abendmahl mit Kindern). Das Abendmahl mit Kindern wurde grundsätzlich befürwortet und zur Erprobung in den Gemeinden freigegeben. Aber die endgültige Entscheidung über die Zulassung der Kinder zum Abendmahl wurde der Gemeindeleitung (Kirchenvorstand/Pfarrer) zugewiesen. In vielen Gemeinden in Bayern und anderen Landeskirchen kam es in der folgenden Zeit zu intensiven Gesprächen mit dem Ergebnis, daß Kinder zum Abendmahl zugelassen wurden. Es schien sich die Erwartung zu erfüllen, die 1979 in Saarbrücken bei der Gesamttagung für Kindergottesdienst bei einer Podiumsdikussion zum Thema »Abendmahl mit Kindern« formuliert wurde: »Auf Dauer wird also keine Gemeinde und keine Kirche um die Frage Abendmahl mit Kindern herumkommen. Sie ist so etwas wie ein Prüfstein, wie ernst es der Kirche damit ist, daß Kinder nicht Mitglieder zweiten Ranges sind.« (Arbeitsfeld Kinderkirche, Berichte, Beispiele, Anregungen, hg. von E. Dietrich/G. Schenk, Stuttgart 1979, S. 56)

Nach einigen Jahren aber rückte das Thema wieder in den Hintergrund. Zum einen nahm man wohl an, auf diesem Gebiet genug getan zu haben und zum anderen wandte man sich gesellschaftspolitisch wichtigen Themen z.B. Frieden, soziale Gerechtigkeit, Bewahrung der Schöpfung zu.

Deshalb ist es an der Zeit, einen neuen Impuls zu geben und das Gespräch wieder in Gang zu setzen. Denn vielerorts besteht noch die traditionelle Regelung, daß die Kinder bei der Konfirmation zum Abendmahl zugelassen werden oder allenfalls im Rahmen der Vorbereitung auf die Konfirmation das Abendmahl feiern »dürfen«.

Allein diese Sprachregelung ist unangemessen, denn sie klingt, als ob die Teilnahme am Abendmahl ein huldvoll gewährter Akt und ins Belieben der Gemeinde gestellt sei oder allein dem Engagement von Pfarrerinnen und Pfarrern entspringen darf. Daß der Einladende zum Abendmahl immer Jesus Christus, der lebendige und gnädige Herr ist, scheint nachrangig zu werden.

Der Versuch, Abendmahl und Konfirmation zu entkoppeln durch vorgezogene Feiern im Rahmen der Vorbereitung auf die Konfirmation, ist nicht so positiv zu beurteilen, wie es gemeinhin getan wird. Denn ihnen fehlt als wesentliches Element die Gemeinschaft der zum Abendmahl geladenen gesamten Gemeinde. Eine Gemeinde, die bereits so weit gegangen ist, sollte nicht bei dieser Kompromißlösung stehen bleiben, sondern auch den Rest des Weges konsequent weitergehen und die Kinder zur Abendmahlsfeier einladen. Wie verheißungsvoll dieser Weg letztlich für die Gemeinde werden kann, welche Zukunftsorientierung und Lebendigkeit zu erleben ist, beschreibt ein Pfarrer im Rückblick auf den langjährigen Weg in und mit der

Gemeinde so: »... sie haben zueinander gefunden und möchten einander nun nicht mehr missen!«

Trotz solch ermutigender Erfahrungen ist festzustellen, daß das Thema »Abendmahl feiern mit Kindern« immer noch auf dem Stand der damaligen Entschließungen verhandelt wird (vgl. Beitrag »Andere Länder, andere Sitten?«). Nirgends gibt es die Grundsatzentscheidung einer Kirchenleitung, die das Abendmahl mit Kindern zum Regelfall macht und bei Ausnahmen eine theologisch begründete Stellungnahme fordert.

Betrüblich ist weiter die Feststellung, daß sich in den aktuellen Veröffentlichungen zum Thema Abendmahl keine oder nur marginale Hinweise auf Abendmahlsfeiern mit Kindern finden. Auch in der grundsätzlichen Arbeit von Johannes Rehm zur ökumenischen Dimension des Abendmahles hat das Thema »Abendmahl feiern mit Kindern« keine Beachtung gefunden, obwohl die Ergebnisse in der ökumenischen Diskussion sehr hoffnungsvoll für das Miteinander der Kirchen stimmen: »In der Abendmahlsfrage gibt es, ... einen vor einigen Jahrzehnten noch nicht für möglich gehaltenen magnus consensus, der nun auch von den Kirchenleitungen rezipiert werden sollte. Eine Trennung am Tisch des Herrn kann nicht länger theologisch begründet werden, sondern es kann mit dem theologisch besten Gewissen ökumenische Abendmahlsgemeinschaft praktiziert werden, auf daß Christi letzter Wille in seiner Kirche Gestalt gewinne (Joh. 17,20 ff).« (Rehm, S. 334)

Es ist nicht einsichtig, daß Kinder davon ausgenommen sein sollen. Vielmehr liegt es doch nahe, auch im praktischen Vollzug ökumenische Übereinstimmung zu suchen. Die evangelische Kirche könnte sich in einem ersten Schritt von der früheren Zulassung der Kinder in der katholischen Kirche zur Eucharistie anregen lassen. Unabhängig davon stehen aber alle Konfessionen in der Verantwortung gegenüber ihrer Taufpraxis und der Bedeutung der Taufe, Ausgrenzungen jeglicher Art beim Abendmahl aufzuheben. Auch für Kinder.

Um weiterzukommen, braucht es eine erneute Diskussion mit dem Ziel, endlich klare Verhältnisse zu schaffen und die Kinder vollgültig in die Gemeinschaft der Gemeinde zu integrieren. Bisweilen drängt sich der Eindruck auf, als ob vor allem die Vertreter der traditionellen Auffassung kaum bereit sind, in eine offene Diskussion eintreten zu wollen, sondern im Umfeld abbröckelnder Traditionen feststehende Positionen beziehen wollen, um ihnen bekannte und vertraute Verhaltensmuster zu bewahren. Welche Vorbehalte werden gegen die Zulassung von Kindern zum Abendmahl eingebracht und welches Gewicht haben sie?

Abendmahl ist nichts für Kinder
Vorbehalte gegen ihre Zulassung und Beteiligung

1. Die Kinder verstehen nicht, was sie feiern. Ihnen fehlt die rechte Einsicht in das »Heilige« des Abendmahls. Deswegen können sie das Abendmahl weder angemessen und würdig empfangen noch vom äußeren Benehmen her mitfeiern.

Der biblische Bezug dafür ist 1. Korinther 11,17 ff und 27 ff. An beiden Stellen tadelt der Apostel Paulus das Verhalten der Gemeinde in Korinth: »Wer also unwürdig von dem Brot ißt und aus dem Kelch des Herrn trinkt, macht sich schuldig am Leib und am Blut des Herrn. ... Denn wer davon ißt und trinkt, ohne zu bedenken, daß es der Leib des Herrn ist, der zieht sich das Gericht zu, indem er ißt und trinkt.«

2. Welchen Inhalt und welche Bedeutung soll die Konfirmation noch haben, wenn ihr die Zulassung zum Abendmahl genommen wird?

Die Konfirmation hat im kirchlichen Leben einen hohen Stellenwert. Sie ist der Abschluß einer intensiven Lern- und Erfahrungsphase der Kinder. Die Bedeutung des Abendmahls und die Hinführung zum Abendmahl haben darin eine zentrale Stellung. Um die Bedeutung der Konfirmation als rituelle kirchliche Handlung an einer entscheidenden Stelle in der Biographie von jungen Menschen und ihrer Geschichte mit ihrer Kirche zu erhalten, sollte das erste Abendmahl bei der Konfirmation gefeiert werden.

3. In vielen Gemeinden wird vor dem Abendmahl die Beichte gefeiert. Kinder können die Beichte aber nicht mitfeiern, weil sie keine Schulderkenntnis haben, kein Schuldbekenntnis sprechen können und deshalb die befreiende Kraft der Gebeworte nicht annehmen können.

Die Feier der Beichte ist für viele Gemeindeglieder stark mit dem Abendmahl verbunden, weil es für sie gewachsene Tradition ist oder sie es nie anders kennengelernt haben. Dem Ritus der Lossprechnung in der Beichte folgt die Feier der Schuldvergebung im Abendmahl. Erst mit der Feier der Beichte bekommen die Gebeworte »Christi Leib, für dich gegeben« und »Christi Blut, für dich vergossen« ihren wahren Gehalt. Diese Tiefe können Kinder nicht begreifen. Deshalb fehlt ihnen ein entscheidender Zugang zum Abendmahl, es wird unangemessen reduziert auf das gemeinschaftliche Beisammensein.

Eindeutig haben diese drei Vorbehalte die Erwachsenen und ihre Ansprüche an das Abendmahl im Blick. Unbestritten sind ihre Vertreter von einer ausgeprägten Verantwortung gegenüber dem Abendmahl geleitet. Aber damit richten sie sich gegen die Kinder als Teil der Gemeinde, dem gegenüber sie wenig Verständnis und Aufgeschlossenheit zeigen.

Die beiden nächsten Argumente nehmen trotz der grundsätzlichen Vorbehalte auch positive Anliegen (kinderunfreundliche Gestaltung, keine Instrumentalisierung von Kindern) auf. Aber dennoch bleibt unterm Strich für die Kinder nichts bzw. zu wenig übrig.

4. Die derzeitigen, traditionell gestalteten Abendmahlsfeiern sind überhaupt nicht kindgerecht, weil sie auf die Beteiligung von Erwachsenen zugeschnitten sind.
Die Gestaltung der Abendmahlsfeiern (Lieder, Texte, Ablauf) ist auf die Erwachsenen ausgerichtet. Ihnen sind diese Formen bekannt und wertvoll. Um die innere Anteilnahme der Erwachsenen nicht zu stören, dürfen daran keine Änderungen vorgenommen werden. Auch nicht um der Kinder willen, weil sonst die Erwachsenen fernbleiben.

Den Erwachsenen ist scheinbar eine Änderung der von ihnen hochgeschätzten Tradition nicht zuzumuten.

5. Kinder sind nicht dazu da, um einer müdegewordenen Abendmahlspraxis wieder neuen Schwung zu geben.
Abendmahlsfeiern mit Kindern dürfen nicht zu Werbeaktionen werden für eine Kirche, die sich offen und einladend zeigen will. Abendmahl feiern

gehört zum innersten Bereich der Gemeinde und soll das auch bleiben. Einer nachlassenden Beliebtheit des Abendmahles, wenn sie denn auf die Gestaltung zurückzuführen sein sollte, ist durch eine Reform der Gestaltung zu begegnen und nicht durch eine schnelle Zulassung von Kindern.

Mit diesen Vorbehalten, insbesondere den ersten drei, scheinen die Gegner einer Zulassung von Kindern zu gemeinsamen Abendmahlsfeiern sehr gewichtige und kaum widerlegbare Argumente zu besitzen. Insbesondere theologisch nicht bewanderte Gemeindeglieder lassen sich dadurch schnell in ihrem Anliegen ins Wanken bringen. Denn eine Schwächung traditioneller und auch von ihnen gutgeheißener Einrichtungen wie dem Abendmahl oder der Konfirmation liegt ihnen ferne. Wie kann den Vorbehalten entgegengetreten werden?

Laßt die Kinder zu mir kommen und wehret ihnen nicht!

Einwände gegen die Vorbehalte

1. Kinder verstehen die Bedeutung des Abendmahls nicht.

Einwand: Das Abendmahl lebt nicht in erster Linie vom Verstehen, sondern vom gemeinsamen Feiern. Gemeinschaft mit dem lebendigen Gott und mit den anderen am Tisch des Herrn ist nicht abhängig von einem nachprüfbaren Verstehen und der Wiedergabe von Lehrsätzen zum Abendmahl. »Es ist ein Irrtum zu meinen, man könne nur bejahen und praktizieren, was man lehrmäßig verstanden hat. Vielmehr gehen einübendes Verhalten und Erleben dem verstehenden Erfassen häufig voraus.« (VELKD Nr. 1/1978, S. 4)

Erlebte Gemeinschaft bietet ausreichende Zugänge zum Abendmahl in seiner Bedeutung für den Einzelnen und die Gesamtheit. Es darf gefragt werden: Verstehen denn die Erwachsenen exakt die Bedeutung des Abendmahles? Können sie eine klare Auskunft geben darüber, was sie tun und warum sie es tun? Die meisten haben da ihre Schwierigkeiten. Warum werden dann an die Kinder höhere Anforderungen gestellt als an die übrigen Gäste am Tisch des Herrn?

Zum anderen ist eindeutig, daß die als Begründung ins Feld geführten Stellen aus 1. Kor 11 eine sicherlich schwierige, aber in der Gemeinde in Korinth anzusiedelnde Situation vor Augen haben. Dort kam es zu unwürdigen

Entwicklungen, gegen die Paulus einschritt. Aber diese von Erwachsenen herbeigeführte Würdelosigkeit nun einfach auf Kinder zu übertragen unter der Annahme einer noch nicht voll entwickelten Verstandeskraft, ist nicht legitim. Sie entspricht auch nicht der Intention des Paulus und seiner Achtung vor der Feier der Gemeinschaft mit dem Auferstandenen.

Welche weiteren Konsequenzen die Betonung des rationalen Zugangs zum Abendmahl hat, scheint vielen nicht klar zu sein. Dürfen dann geistig schwächere oder behinderte Menschen überhaupt am Abendmahl teilnehmen oder sind sie wegen ihrer Behinderung aus der Gemeinschaft der übrigen Gläubigen und deren Feier des Glaubens auszuschließen?

Die Schlußfolgerung, daß eine nicht voll ausgebildete Verstandeskraft das Erleben und Mitleben der Gemeinschaftsfeier Abendmahl beeinträchtigt, ist nicht haltbar. Es muß deutlich unterschieden werden zwischen dem Fühlen (Emotion) und dem Denken (Ratio). Die Liebe, mit der Gott sich uns zuwendet und die er uns entgegenbringt in seinen Gaben, muß erfahren, gefühlt, geschmeckt werden und nicht verstandesmäßig nachvollziehbar und kontrollierbar sein. In dieser Hinsicht können Kinder das Abendmahl besser »verstehen« als Erwachsene. Wenn tatsächlich die Fähigkeit des Verstehens bei Kindern in Frage gestellt wird, hilft der Hinweis auf das Vertrauen, das Martin Luther in die Fähigkeiten von Kindern setzte, weiter. In den Schmalkaldischen Artikeln Teil III Artikel 12 schreibt er: »… denn das weiß gottlob ein Kind von 7 Jahren, was die Kirche sei …!« Die Altersangabe von sieben Jahren beschreibt die zur damaligen Zeit zugestandene unterste Grenze der Selbständigkeit. Angesichts der weiteren Entwicklung der geistigen, körperlichen und geistlichen Fähigkeiten bei Kindern bis in die heutige Zeit unterstreicht dieser Hinweis, daß das Argument des Verstehens kaum verstehbar ist.

2. Die Zulassung zum Abendmahl erfolgt mit der Feier der Konfirmation.

Einwand: Die Konfirmation ist im eigentlichen Sinne das ritualisierte Ereignis des persönlichen Bekenntnisses zum Glauben. Junge Christen sagen ihr Ja (confirmare = bestärken, bestätigen) zu einer von Eltern und Paten vor Jahren für sie getroffenen Entscheidung. Welchen Wert kann dieses Ja eigentlich haben, wenn ein so wichtiger Teil des Glaubenslebens wie die Feier des Abendmahls bisher unerfahrbar geblieben ist? Auf welcher Basis steht dieses Ja zum Glauben?

Unkritisch wird auch die im Lauf der Zeit immer stärker in den Vordergrund gestellte Bedeutung der Konfirmation weitergeführt: Konfirmation als gesellschaftlicher Mündigkeitsritus (christliche Jugendweihe). Durch die starke Gewichtung der gesellschaftlichen Dimension tritt die geistliche Bedeutung der Konfirmation noch weiter in den Hintergrund. Auch wenn es unstrittig ist, daß junge Menschen in diesem Alter einen solchen Ritus für sich brauchen.

Es wäre sowohl für das Abendmahl als auch für die Konfirmation gut, wenn diese traditionelle Verbindung überprüft und aufgebrochen würde. Die Konfirmation könnte ihre Aufgabe als Ritus der Glaubensbejahung und -bestärkung wieder neu wahrnehmen und von dem derzeitigen Image als Initiationsritual (»Jetzt darf ich abends länger weggehen!«, »Jetzt entscheide ich allein, was ich will!«) und als Geldmachfest (»Wieviel Mark sind es denn bei dir geworden?«, »Die Knete langt für das Moped.«) wegkommen. Das Abendmahl würde von dem unrealistischen Erwartungsdruck an das »ganz Besondere«, »Supertolle« oder »Einmalige« entlastet, könnte mit Freude gefeiert werden und tatsächlich das geben, was es kann: Glaubensstärkung in der Gemeinschaft mit Gleichgesinnten. Die Bedeutung für den Glaubenden und sein Leben wäre wesentlich besser erfahrbar zu machen.

Die enge Verknüpfung von Abendmahl und Konfirmation fördert darüber hinaus eine unangemessene Einstellung gegenüber den Kindern. Mit der zeitlichen Streckung von Erwerb (Taufe) und Vollzug (Abendmahl) einer vollgültigen Mitgliedschaft in der Gemeinde wird der einseitigen Einstellung »Kinder sind die Gemeinde von morgen«, »Kinder sind die Zukunft der Kirche« nochmals Nahrung gegeben. Kinder sind Teil der Gemeinde im Heute, an diesem Tag, in dieser Zeit. Sie haben durch ihre Geburt und Taufe ihren Wert und ihre Würde unmittelbar. Sie tragen die Gemeinde jetzt mit, sie prägen das Gemeindeleben jetzt, nicht erst in späterer Zeit in einem unbestimmten »morgen«. Kinder sind ein wichtiger und vollwertiger Teil der Gemeinde von heute und haben deshalb Anteil an allem, was die Gemeinde heute feiert.

3. Kinder haben keinen Zugang zur Beichte (Schuldeinsicht) und können deshalb die Bedeutung des Abendmahls auch nicht für sich annehmen.
Einwand: Kindern die Einsicht in schuldhaftes Verhalten abzusprechen, entbehrt jeglicher Grundlage. Ohne Zweifel haben Kinder ein Unrechtsbewußtsein, können sie unterscheiden zwischen gutem und bösem Tun, wissen sie, wann, wie und gegenüber wem sie sich falsch verhalten haben und daß sie Schuld tragen. Und sie haben selbstverständlich auch das Bedürfnis, Schuld wieder loszuwerden. Dazu ist aber die Feier der Beichte, wie sie üb-

licherweise im Gottesdienst gefeiert wird, kein geeigneter Ritus. Besser wäre für die Kinder (vielleicht auch für die Erwachsenen) eine anders gestaltete und an anderer Stelle angebotene Beichtfeier, z. B. mit einer Klagewand, mit symbolischen Schuldsteinen, die unter das Kreuz oder in eine gestaltete Mitte mit Kerzen gelegt werden oder durch das Verbrennen von symbolischen Schuldzetteln. Denn unstrittig bleibt die Annahme des sündigen Menschen vor Gott, sein Angewiesensein auf die Vergebung seiner Schuld und auf ein neues Leben.

Theologisch ist die Anbindung der Beichte an das Abendmahl nicht zwingend. Genaugenommen ist sie sogar fragwürdig, weil beide Feiern dasselbe Ziel haben: Befreiung zu einem neuen, unbelasteten Leben. Die Auffassung, das Abendmahl erst dann würdig und recht zu feiern, wenn man ohne Schuld vor Gott tritt, verkürzt die Kraft des Abendmahls.

4. Erwachsene werden durch Kinder in ihrer inneren Anteilnahme an der Feier gestört.

Einwand: Hierin zeigt sich ein völlig unangebrachter Egoismus der Erwachsenen: wir wollen die Feier so haben, daß sie uns gut tut. Von einer Wertschätzung des Abendmahls als Gemeinschaftsmahl ist nichts zu spüren, wenn die eigene Verbundenheit und Anteilnahme auf Kosten anderer gelebt wird. Die Sorge, daß sich durch die Veränderungen in der Gestaltung mehr Gemeindeglieder aus- als eingeladen fühlen und so insgesamt weniger Gemeindeglieder am Abendmahl teilnehmen würden, ist grundlos.

5. Kinder dürfen nicht instrumentalisiert werden für die Verlebendigung einer müdegewordenen Abendmahlspraxis.

Einwand: Dieses Argument ist zum Schutz der Kinder richtig. Aber es lähmt gleichzeitig bei einem weiteren Ausschluß der Kinder den Ansporn, der Feier des Abendmahls tatsächlich neue Impulse zu geben und sie wieder einladender zu gestalten. Vernachlässigt wird auch die Erkenntnis, daß die Kinder grundsätzlich zum Abendmahl eingeladen sind und sich deswegen eigentlich das Argument einer Instrumentalisierung der Kinder gar nicht ergeben dürfte.

Widersprochen werden muß aber der einseitigen Vorstellung, daß sich über die Kinder und ihre Eltern Gemeindeglieder neu ansprechen und zum Abendmahl einladen lassen und sich auf den Weg einer Neuentdeckung des Abendmahls für den persönlichen Glauben und das Leben machen. Durch ihre eigene Wahrnehmung des Abendmahls werden die Kinder, ohne daß sie instrumentalisiert werden, zu einer Verlebendigung beitragen, die allen gut tut.

Wichtig ist, bei allem Respekt vor der Meinung jedes einzelnen, doch auch die Einstellung über die jeweilige Gemeindegrenze hinaus. Die überwiegende Mehrheit der gegenüber der Kirche Aufgeschlossenen und der in ihr Aktiven befürwortet die Zulassung der Kinder zum Abendmahl. Deutlich wurde dies auch beim Deutschen Evangelischen Kirchentag 1995 in Hamburg. Dort hatten die Besucherinnen und Besucher Gelegenheit, sich zum Thema zu informieren, das Gespräch darüber zu suchen und ihre Meinung einzubringen.

Die meisten Beiträge befürworten eindeutig die Zulassung von Kindern zum Abendmahl:

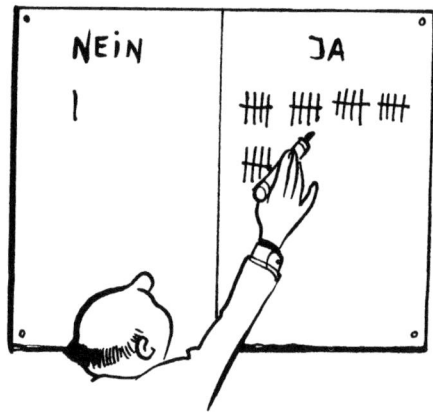

■ Kinder erkennen die Gegenwart Christi in Brot und Saft viel leichter als wir verkopfte Erwachsene.

■ Es ist anmaßend zu behaupten, Kinder können das Abendmahl (noch) nicht begreifen. Kinder begreifen es auf ihre Weise und erleben es als feierlich und sehr ursprünglich.

■ Jesus hat alle Menschen eingeladen, auch und gerade Kinder. Wenn wir als Erwachsene uns oft schwer tun und Verständnisprobleme haben, haben Kinder einfache Erklärungen und helfen uns zu begreifen, was Glauben wirklich ist.

- Da wir von den Kindern auch »priesterliche Dienste« verlangen (Beten, Kindergottesdienst-Teilnahme etc.), sie als Getaufte auch am Priestertum aller Gläubigen teilhaben, müssen wir sie zum Abendmahl zulassen. Ganz verstehen kann es eh keiner! Und wer kann entscheiden, wessen Glauben besser ist?

- Wir haben unsere Kinder taufen lassen – wie sollten wir sie da vom Abendmahl ausschließen? Mit beidem machen wir beste Erfahrungen. Die Kleinen sind oft mehr »bei der Sache« als mitfeiernde Erwachsene.

- Gott teilt sich uns mit im Abendmahl – wie, ist sein Geheimnis. Wo wir unseren Kindern helfen, anbetend vor diesem Geheimnis zu stehen – warum nicht?

- Ja, denn schon Kleinkinder leiden unter dem Erlebnis, aus der Gemeinschaft der anderen ausgeschlossen zu werden (z.B. auf dem Arm der Eltern; mit im Kreis, aber Brot und Saft gehen vorüber).

- Kinder sind durchaus imstande, zu begreifen, daß das Abendmahl ein ganz besonderes Mahl ist. Und wenn der erste Eindruck vom Abendmahl ist »Du bist zu klein, du verstehst das noch nicht«, also Ausschluß, wie sollen sie da später begreifen, daß Gott für alle da ist?

Nur wenige Vorbehalte sind zu finden und keine grundsätzlichen Ablehnungen. Alle Vorbehalte haben die Konfirmation und das Verstehen des Abendmahles im Blick:

- Die Kinder, die wissen, was Abendmahl bedeutet, sollten teilnehmen dürfen; die nur einen Keks wollen, sind noch zu klein.

- Kinder wissen doch gar nicht, worum es dabei geht. Ich finde, sie sollten mit nach vorne kommen, um gesegnet zu werden, aber nicht das Abendmahl empfangen.

■ Und was ist mit der Konfirmation? Soll man die dann ganz abschaffen? Ich finde, Kinder können auch bis zum 14. Lebensjahr warten! Warum nicht?

Bedeutsam ist, in welchem Maß viele Ansichten von persönlichen Erfahrungen mitbestimmt sind. Das unterstreicht, daß frühe positive Erfahrungen und Prägungen weiterhin bestimmend bleiben und sich auf die persönliche Zustimmung bzw. Ablehnung von Kirche und Gemeinde auswirken.

Auffällig ist weiterhin, daß die Befürworter einer Beteiligung von Kindern am Abendmahl hier einen weit größeren Anteil ausmachen als in Kirchen- und Gemeindeleitungen. Auch wenn sich nach intensiven Diskussionen viele der Gegner nicht mehr grundsätzlich sperren und einem neuen Weg in der Gemeinde nicht im Wege stehen wollen (»man weiß ja nicht, ob nicht doch was Gutes rauskommt dabei«, Zitat eines Kirchenvorstehers), überzeugt sind sie deswegen noch nicht.

Überzeugend ist demnach vorallem das eigene Erleben einer Abendmahlsgemeinschaft mit Erwachsenen und Kindern und die persönliche Erfahrung: überall dort, wo Kinder ernsthaft in die Gemeinschaft am Tisch des Herrn aufgenommen werden, ergeben sich auch für die Erwachsenen plötzlich neue Zugänge. Das Abendmahl bekommt für viele wieder eine lebendige Ausstrahlung und Anziehungskraft, so wie sie es vorher kaum erlebt haben.

Aus einer Gemeinde wird dazu berichtet: »Gerade durch die Beteiligung von Kindern ist uns allen die Feier des Abendmahls viel bewußter und wertvoller geworden. Wir haben nicht die Erfahrung gemacht, Kinder würden die Feierlichkeit oder Würde des heiligen Mahles stören. Kinder verstehen oft mehr als Erwachsene. Noch nie habe ich eine »unwürdige« Feier mit Kindern erlebt. Im Gegenteil! Die Natürlichkeit der Kinder, das feierliche Empfinden des Besonderen und die freudige Annahme von Jesu Gaben haben mich mit in den Bann gezogen. Von Kindern haben wir gelernt, das Abendmahl wieder als fröhliches Fest der Gemeinde Jesu Christi zu erleben.« (Seht die Blumen auf dem Felde, Berichte – Beispiele – Anregungen vom und für das Arbeitsfeld Kinderkirche, hg. von E. Dietrich/G. Mohr/A. Weidle, Stuttgart 1990, S. 66)

Aufschlußreich für den Gesamtzusammenhang ist es, auf das Kinderevangelium Markus 10,13–16 hinzuweisen mit seinem Abschluß: »Und er herzte sie und legte die Hände auf sie und segnete sie.« Das Revolutionäre dieser Geschichte liegt nicht im Verhalten der Mütter und der Jünger, sondern im Verhalten Jesu. Er nahm die Kinder auf in eine bis dahin nur den Erwachsenen vorbehaltene Welt. Er nahm sie an als gleichwertige Menschen. Er ließ sie unbeschränkt teilhaben an seiner Gegenwart, an Gott und an seiner Zuwendung zu den Menschen. Das scheint in unserer Zeit übersehen oder vergessen zu sein und muß neu ins Bewußtsein gebracht werden. Wer kann angesichts dieses Verhaltens Jesu biblisch begründet Kinder aus der Gemeinschaft mit ihm und der Gemeinschaft derer, die ihn im Abendmahl feiern, ausschließen? Deshalb ist es wichtig, den Kindern wieder ihren uneingeschränkten Platz in der Gemeinde zu geben und sie an der Gemeinschaft aller teilhaben zu lassen.

Kinder gehören zum Abendmahl dazu!
Sich einsetzen für eine lebendige Gemeinschaft aller

In den Gemeinden muß sich die Erkenntnis durchsetzen, daß es eine altersmäßig begrenzte Teilnahme am Gemeindeleben, einschließlich der Gottesdienste, nicht geben kann. Die Gemeinde als feiernde Gemeinde steht als ganze vor Gott und erfährt als ganze Stärkung und Zurüstung im Glauben und für den Alltag. Für das gemeinsame Feiern kann nur ein alle einschließendes Denken und Handeln maßgebend sein. Dem liegt die Vorstellung von Gemeinde als »Familia Dei«, als Familien- und Hausgemeinschaft aller zugrunde (diese leitet sich z. B. von Hebräer 3,6 ab: »Sein Haus sind wir ...«).

Wichtig für die weitere Behandlung des Themas ist auch die erneute Besinnung auf ein theologisch korrektes Verhältnis von Taufe, Abendmahl und Konfirmation. Oft werden nicht zulässige Verbindungen hergestellt, bekommen historisch-gesellschaftlich und entwicklungspsychologisch begründete Entscheidungen auf Grund ihrer historischen Tradition fast die Qualität von theologischen Begründungen. Eine solche Verhältnisbestimmung zeigt deutlich, daß es gegen die Zulassung von Kindern zum Abendmahl kein theologisches Argument geben kann.

Taufe – Abendmahl – Konfirmation
Eine (neue) Verhältnisbestimmung

Zur Taufe

Die christliche Gemeinschaft nimmt neue Mitglieder auf, entweder auf deren persönlichen Wunsch oder auf den stellvertretend geäußerten Wunsch hin. Sie vollzieht den Eintritt in der Feier der Taufe unter Bezug auf den ausdrücklichen Auftrag von Jesus Christus: »Mir ist gegeben alle Gewalt im Himmel und auf Erden. Darum geht hin und machet zu Jüngern alle Völker: taufet sie auf den Namen des Vaters und des Sohnes und des Heiligen Geistes und lehret sie halten alles, was ich euch befohlen habe. Und siehe, ich bin bei euch alle Tage bis an der Welt Ende.« (Matthäus 28,18–20) Mit der

Taufe als sichtbarem Ritus wird die Gotteskindschaft des Täuflings und seine Aufnahme in die Gemeinde bekundet. Durch die Taufe erhält der Getaufte Anteil an allen Rechten und Pflichten aus dieser Mitgliedschaft. Für die Taufgemeinde umgekehrt ergibt sich die Verpflichtung zur weiteren Begleitung und Fürsorge für ihr Mitglied. Unbestritten gilt bis heute diese auf Gegenseitigkeit hin angelegte und eingegangene Partnerschaft für die Bereiche, die Gemeinde und ihre Glieder aus eigener Kraft und Verantwortung gestalten können. Denn die persönliche spirituelle Dimension, die aus der Taufe für den Glauben an den dreieinen Gott folgt, ist im Letzten dieser »weltlichen« Partnerschaft entnommen.

In der Anfangszeit der christlichen Gemeinschaft wurde hauptsächlich die Erwachsenentaufe geübt. Vorausgegangen war ein, wie auch immer gestalteter, Kontakt mit dem Evangelium, die daraus folgende Entscheidung, einer Gemeinde angehören zu wollen und daran anschließend die Taufe. Kinder wurden meist im Rahmen der Taufe ihrer Eltern mitgetauft. Die stellvertretend getroffene Entscheidung war möglich.

Durch die zunehmend praktizierte Säuglings- und Kindertaufe ergab sich dann eine in den Rechten und Pflichten eingeschränkte Mitgliedschaft, die in den Jahren bis zum selbständig und persönlich angetretenen Vollzug stellvertretend von Eltern und Paten wahrgenommen wurde. Dieses stellvertretende Handeln brauchte eine offizielle Beendigung vor der Gemeinde. Die Konfirmation wurde der entsprechende Ritus. Bis auf die finanziellen und demokratischen Pflichten war nun das Gemeindeglied »richtiges« Gemeindeglied.

Unbeschadet der Verantwortung von Eltern und Paten blieb aber die Verpflichtung der Gemeinde, auch ihre jüngsten Gemeindeglieder auf ihrem Weg des Glaubens zu begleiten und zu fördern. Dieser Verantwortung stellte sie sich durch entsprechende spirituelle (Kindergottesdienst, Kinderbibelwochen/-tage) und gemeindepädagogische (Unterricht, Gruppenarbeit) Angebote. Sie tat dies aber unter der Vorgabe, daß Kinder erst ab einem bestimmten Alter daran teilnehmen konnten (z. B. Kindergottesdienst ab der 1. Schulklasse) bzw. mußten (z. B. Konfirmandenunterricht ab der 7. Schulklasse). Hintergründe für diese Entscheidungen waren einerseits die starke Betonung des rational-intellektuellen Aspektes (Kirche des Wortes) mit der Folge einer unangemessenen Zurücknahme der emotionalen Bereiche und Bedürfnisse von Kindern und andererseits die zu dieser Zeit wohl noch gegebene häusliche und schulische religiöse Sozialisation.

Daß die Kirche auch die kleineren Kinder auf der Grundlage der von ihr eingegangenen Verantwortung im Blick haben muß, wurde erst in jüngerer Zeit durch die Wahrnehmung der drastisch zurückgehenden religiösen Sozialisation in den Familien deutlich. Gezielte Angebote für kleine oder jüngere Kinder versuchen dies auszugleichen und beziehen dabei auch die Eltern mit ein. Die deutliche Ausweitung der Angebote an Mutter-Kind-Gruppen, Kindergärten, Krabbelgottesdiensten, Gottesdiensten mit Kindern und Eltern u. ä. belegt dies.

Handlungsbedarf besteht aber noch bei der Feier des Abendmahls. Nach lutherischer Überzeugung sind für den Glauben Wort und Sakrament gleichwertig: »Um diesen Glauben zu erlangen, hat Gott das Predigtamt eingesetzt, das Evangelium und die Sakramente gegeben, durch die er als Mittel den Heiligen Geist gibt, der den Glauben, wo und wann er will, in denen, die das Evangelium hören, wirkt ...« (Augsburger Bekenntnis 1530, Artikel 5) oder »Die christliche Kirche ist die Gemeinde von Brüdern, in der Jesus Christus in Wort und Sakrament durch den Heiligen Geist als der Herr gegenwärtig handelt« (Barmer Erklärung 1934, These 3). Kirche kann deshalb nicht auf halben Wege stehen bleiben und die Anteilnahme am Wort und am Taufsakrament gewähren, aber das Sakrament des Altars, die Mahlgemeinschaft, verwehren. »Kinder, die getauft sind, können nicht grundsätzlich von der Teilnahme am Heiligen Abendmahl ausgeschlossen werden. Auch lassen weder die Bekenntnisschriften der evangelisch-lutherischen Kirche noch die frühreformatorischen Kirchenordnungen eine Bindung der Erstzulassung an ein bestimmtes Lebensalter erkennen.« (VELKD Nr.1/1978, S. 4; vgl. Völker, S. 86)

Zum Abendmahl

Das Abendmahl feiert die Gemeinde in der von Jesus Christus eingesetzten Weise (Einsetzungsworte) und auf seinen Auftrag hin »... solches tut zu meinem Gedächtnis«. Er lädt seine Gemeinde ein: »Kommet her zu mir alle, die ihr mühselig und beladen seid, ich will euch erquicken« (Matthäus 11,28) oder »Christus spricht: Ich bin der Weinstock, ihr seid die Reben. Wer in mir bleibt und ich in ihm, der bringt viel Frucht« (Johannes 15,5).

Im Abendmahl feiert die Gemeinde die Gemeinschaft mit dem lebendigen Gott und untereinander. Angesichts dieser Bedeutung ist es einsichtig, daß die Gemeinde ihrem »Herzstück« ein besonderes Augenmerk und eine besondere Sorgfalt zukommen läßt. Deswegen auch der Hinweis auf die Mahnung des Apostels Paulus in 1. Korinther 11,26–29, am Abendmahl nicht schuldig zu werden durch einen unwürdigen Gebrauch und sich das Mahl des Herrn nicht zum Gericht zu essen. Das führte zu der bedauerlichen Entwicklung, daß nur die Gemeindeglieder an der Abendmahlsfeier teilnehmen können, die verstanden haben, was gefeiert wird und die deswegen das Abendmahl würdig empfangen können. Kindern hat man dieses Verstehen und würdige Empfangen nicht zugetraut.

Nach evangelischer Glaubensüberzeugung sind die Sakramente Taufe und Abendmahl wohl selbständig, aber auch aufeinander bezogen. Der durch die Taufe in die Gemeinde Christi aufgenommene Mensch braucht zur Stärkung und Orientierung in seinem Glauben und Leben die Gemeinschaft mit Gott und der Gemeinde. Dies geschieht sowohl im Abendmahl als dem Ort der unmittelbaren Gottesbegegnung, als auch durch die Verkündigung der christlichen Botschaft. Diese Einschätzung des Abendmahls als Ort der Gottesbegegnung mit dem Angebot der Vergebung und Versöhnung brachte es mit sich, daß der Charakter als Gemeinschaftsmahl und das Feiern in der Freude auf das himmlische Mahl zurückgedrängt wurden. Dem entsprach dann auch die Entscheidung, Kinder daran nicht teilhaben zu lassen, weil sie das nicht begreifen würden. Um die Kinder zu einer angemessenen Begegnung mit dem Abendmahl zu führen, wurde festgelegt, daß vor der Erstbegegnung ein entsprechender Unterricht zu absolvieren und dann mit der Konfirmation die Erstfeier und Zulassung zu gewähren sei.

Durch diese enge Anbindung an die Konfirmation bekam das Abendmahl eine starke, fast abgehobene Wertstellung, die es in heutiger Zeit kaum oder nicht mehr einlösen kann. Für die Jugendlichen wird so die als besonderer Einstieg gedachte Konfirmation mit Erstzulassung zum Abendmahl zum Abschied vom Abendmahl und zum Ausstieg aus der Gemeinde.

Zur Konfirmation

Die letztgenannte Beobachtung hat nun dazu geführt, über die Bedeutung der Konfirmation und über ihren Stellenwert im Leben der Gemeinde und im Leben der Jugendlichen neu nachzudenken. Andere Formen des Konfirmandenunterrichts bzw. der Vorbereitungszeit auf die Konfirmation sind erste Konsequenzen daraus. Ebenso wird darüber nachgedacht, das Konfirmationsalter zu senken oder anzuheben.

Scheinbar wenig nachgedacht wird aber über den eigentlichen Sinn der Konfirmation, obwohl alle Konfirmanden in Kenntnis gesetzt werden über die Herkunft und Bedeutung des Wortes Konfirmation: Junge Menschen bestätigen die einst von ihren Eltern für sie getroffene Entscheidung, Mitglieder in der christlichen Gemeinde zu werden, bekräftigen mit ihrem persönlichen Ja ihre Absicht, in dieser Gemeinde bleiben zu wollen mit allen Rechten und Pflichten und bejahen damit einen Teil ihres bisherigen Lebens. Sie erklären sich vor der Gemeinde mündig für die Gestaltung ihres Glaubens, erbitten dazu Gottes Segen und die weitere Begleitung in der Gemeinschaft.

Dennoch wird vielerorts festgehalten an der Verbindung von Konfirmation und Abendmahlszulassung. Und da liegt die eigentliche Wurzel des derzeitigen Mißstandes. Schon die VELKD-Synode formulierte: »Die Konfirmation hat außer der Zulassung zum Abendmahl weitere Sinngehalte wie gemeinsam gesprochenes Glaubensbekenntnis, verantwortliches Ja zur eigenen Taufe, Fürbitte der Gemeinde, Segnung und Sendung der Konfirmanden, Zulassung zum Patenamt. Diese werden durch eine vorherige Teilnahme am Heiligen Abendmahl nicht entleert, sondern bereichert und vertieft.« (VELKD Nr. 1/1978, S. 6)

Die Konfirmation steht in einem primären Zusammenhang mit der Taufe, speziell der Kindertaufe. Taufe und Konfirmation gehören zusammen, nicht aber Abendmahl und Konfirmation. Denn die Konfirmation kann sehr wohl ohne Abendmahl gefeiert werden, aber nicht ohne vorhergehende Taufe.

Die Verbindung von Taufe und Konfirmation kann durch Symbole oder kleine Riten besonders anschaulich gemacht werden. Im Konfirmationsgottesdienst werden entweder die Taufkerzen der Konfirmanden am oder um den Taufstein aufgestellt und zu Beginn des Gottesdienstes unter Namensnennung entzündet. Wo es keine Taufkerzentradition gibt, ist es sehr beeindruckend, wenn die Konfirmanden oder aber die Paten und ein Mitglied des Kirchenvorstandes für jeden eine Schwimmkerze entzünden und sie in die mit Wasser gefüllte Taufschale legen. Wie auch immer die Gestaltung aussieht: Die theologische Zuordnung ist gegeben durch den klaren Hinweis auf die Taufe, ihre Bedeutung und den Taufvollzug.

Eine schwierige Frage in diesem Zusammenhang ist: Was passiert, wenn nun aus der Gottesdienstgemeinschaft heraus ein (bekanntermaßen) ungetauftes Kind am Abendmahl teilnehmen will? Grundsätzlich sollte keine andere Regelung gelten als bei der Teilnahme von ungetauften Erwachsenen. Wer der öffentlich ausgesprochenen Einladung folgt und freiwillig kommt, darf mitfeiern. Einen Ausschluß von der Tischgemeinschaft bei vorheriger Gottesdienstgemeinschaft, wer sollte den vollziehen und verantworten? Gilt in diesem Fall nicht die Annahme, daß Gottes Wirken in und mit einem Menschen umfassender ist als unser Wirken? Darf nicht auch im Folgen der Einladung bereits eine Entscheidung gesehen werden, aus der heraus die nachgehende Konsequenz die Taufe ist? Aufschlußreich ist bei dieser Problematik Markus 10. Jesus nimmt die Kinder (wie sonst die Menschen auch) so an, wie sie zu ihm kommen. Von bestimmten Voraussetzungen für die Annahme wird nicht berichtet. Wichtig und entscheidend ist allein das Kommen-Wollen.

Menschen mit dem Vorbehalt der billigen Gnade auszuschließen, d. h. die Vergebung von Schuld und Ermöglichung eines Neuanfangs ohne vorhergegangene Umkehr und Absage an das alte Leben, wird den Menschen und dem Evangelium nicht gerecht.

Dennoch darf die Gemeinde die Verbindung von Taufe und Abendmahl nicht einfach aufgeben. Wo bekannt ist, daß ungetaufte Kinder am Abendmahl teilnehmen wollen oder teilgenommen haben, bietet sich im Kindergarten, Kindergottesdienst oder der Schule eine Themenreihe zur Taufe mit anschließender Tauffeier geradezu an.

Neben dem theologischen Grundargument der Taufe sind als weitere noch nicht genannte Argumente für die Einladung der Kinder zum Abendmahl die folgenden anzuführen:

Tragende Erfahrungen möglichst früh weitergeben

Frühe positive Zugänge und Prägungen sind bestimmend für das ganze Leben. Sie tragen auch in Zeiten mit schlechten Erfahrungen.

Ist es verwunderlich, daß junge Christen im Konfirmandenalter (in der Regel im Alter von 13/14 Jahren), die sich von der bisherigen Welt samt ihren Autoritäten, Bräuchen, Sitten und Riten lösen und die eigenen Lebenswelten suchen, keinen Zugang zum Abendmahl finden, wenn das erste Feiern so spät und auf einer überhöhten emotionalen Ebene stattfindet? Erwartungen an etwas ganz Besonderes entstehen da, die sich nicht erfüllen. Kommt dann auch noch die bittere Erfahrung dazu, daß »man sogar noch angemacht wird« (Zitat einer Konfirmandin), wenn infolge der emotionellen Anspannung der nötige Ernst vermißt wurde, ist nachvollziehbar, wenn sich junge Menschen abwenden von einer Sache, die mehr Frust und Sinnlosigkeit bringt als Freude und Erfüllung.

Deshalb müssen Kirche und Gemeinde den Kindern Lebens- und Erfahrungsräume anbieten. Vielfach geschieht dies in guter Weise. Aber beim Abendmahl geschieht es viel zu wenig. »Zwischen Glauben und einer bestimmten Art des Lernens bestehen Gemeinsamkeiten: Sowohl das Lernen aus Erfahrung als auch aus Glauben bedeutet: Sinneseindrücke (von außen und innen) zu Repräsentationen, Gedanken, Erkenntnis, Glaubenskonzepten und Handeln zu verarbeiten. Es bedarf dazu eines Raumes, eines Wahrnehmungs-, Gefühls-, Assoziations-, Denk- und Lebensraumes. ... Heilige Räume haben solche Qualitäten. ... Das Christentum hat zu Recht heilige Räume übernommen und neu geschaffen, vor allem in seinen Liturgien und Gebäuden. Gleichzeitig wird mit dem physikalisch und zeitlich strukturierten Raum darauf hingewiesen, daß die soziale Versammlung (Epheser 2,19–22; 3,14–19) selbst und das einzelne Subjekt ... einen Raum bilden, in dem Erfahrung zu Elementen des Glaubens verarbeitet werden kann, d.h. zu Wahrnehmung, Phantasie, Gedanken, Glauben und Handeln. ... Dies kann auch verfehlt werden. Z.B. wenn die Institution ihre raumgebende Aufgabe nicht mehr erkennt ... .« (Seiler, S. 81 f)

Die besonderen Erlebensmöglichkeiten von Kindern

In den Entwicklungsphasen bis zum 36. Lebensmonat werden Erfahrungen gemacht, die prägend sind für das gesamte Leben. Besonders bedeutend ist dabei die beginnende Entwicklung von Empathie und Moral. Diese Entwicklung verstärkt sich in der folgenden Zeit »auf der Grundlage der Gegenseitigkeit. Sie beginnt mit Empathie und einer »theory of mind« dessen, was die Mutter bejaht und was sie verbietet.« (Köhler, S. 68) Im Blick auf den Glauben bedeutet dies, daß bereits in früher Kindheit Zugänge geschaffen und vor allem Grundlagen für die spätere Zustimmung gelegt werden. Was als gut vorgestellt wird, wird als gut festgehalten. Zusammen mit der sich entwickelnden Lebensneugier nicht nur auf Gegenstände, sondern auf Lebensvollzüge und Symbole, bietet sich eine nicht wiederkehrende Chance für Gemeinde und Kirche, sich annehmend zu zeigen und dann auch Annahme zu erfahren.

Kinder im Alter von vier bis zehn Jahren lassen sich aus eigenem Antrieb heraus offen und unbefangen in ganzheitlicher Weise auf Neues ein. Das ist älteren Kindern nicht mehr möglich (Pubertät). Viel selbstverständlicher, unverkrampfter, freier und auch liebevoller lassen sie sich auf den Prozeß des Lernens, Verstehens und Feierns des Abendmahles ein. Es überwiegt noch die positiv-kritische Einstellung (Neugierde), die nicht von vornherein alles ablehnt und kritisiert, weil es aus der Erwachsenenwelt kommt.»Kinder lernen zuerst mit dem Gefühl, bevor sie mit dem Verstand lernen. Kinder lernen zuerst im gemeinsamen Tun, bevor sie für Belehrungen und Unterricht empfänglich sind. Kinder lernen zuerst von Menschen, die sie lieben, die sie mögen, die ihnen etwas bedeuten.« (vgl. Beitrag»Sie, die Eltern, sind ganz wichtig«, S. 203).

Begleitung im Glauben ist Aufgabe auch der Gemeinde

Deshalb ist es für die Begleitung im Glauben unabdingbar, daß Kirche und Gemeinde den Kindern die notwendigen Lern- und Lebensräume geben, indem sie sie an ihrer Welt teilnehmen lassen. Unbestritten ist heute die Erkenntnis, daß gemeinsam gemachte Erfahrungen viel prägender sind als allein oder in der gleichen Altersgruppe gemachte Erfahrungen.»Wenn Kinder von der Beteiligung an immer mehr Lebensbereichen profitieren und die Fähigkeit erlangen sollen, sich auf unterschiedliche Personen, Tätigkeiten und Situationen einzustellen, ist der Nutzen umso größer, je mehr die beteiligten Erwachsenen untereinander verbunden sind. Das beginnt damit, daß die Kinder beim Übergang von einem Lebensbereich zum anderen Informationen erhalten, daß sie Geschichten über den neuen Lebensbereich hören, mit den Erwachsenen darüber sprechen können, daß sie Ratschläge erhalten, ihre Meinung äußern und mit den Erwachsenen erste Erkundungen machen können.« (Schneider, S. 122) Was für den säkularen Lebensbereich formuliert ist, läßt sich ohne Abstriche auch für den religiösen und geistlich-spirituellen Lebensbereich von Kindern sagen.

Den Kindern das Abendmahl als etwas Wertvolles und Tragendes für die Gemeinschaft mit Gott und in der Gemeinde vorzustellen, das muß unsere Aufgabe sein. Dafür müssen Kirche und Gemeinden schnellstens alle notwendigen Voraussetzungen schaffen.

Entscheidungen treffen
Praktische Anregungen auf dem Weg zum Ziel

»Abendmahl feiern ist der Weg, es zu verstehen und lieben zu lernen.« Diese Erfahrung gibt die nötige Ermutigung, den Weg weiterzugehen und das Ziel konsequent zu verfolgen.

Auch wenn schon viele überzeugt sind oder sich auf Grund der bisherigen Ausführungen von der Notwendigkeit der Zulassung von Kindern zum Abendmahl überzeugen haben lassen, bedarf es in der Gemeinde eines ausdrücklichen Meinungsbildungsprozesses. Dieser sollte in einer bestimmten Abfolge und einem vorab festgelegten Zeitrahmen stattfinden. Weder sollten einzelne Schritte ausgelassen werden, noch sollte ohne guten Grund von der Zeitplanung abgewichen werden. Der Erfolg ist damit nicht garantiert. Aber die Wahrscheinlichkeit eines Scheiterns infolge unsachgemäßer Planung und Vorbereitung der Gemeinde wird stark minimiert.

Schritte auf dem Weg zum Ziel
Ein Überblick

Die Initiative ergreifen

Meistens steht am Anfang der Wunsch von Eltern und Familien, daß ihre Kinder an der Feier des Abendmahles teilnehmen können. Der Wunsch und die Motive dafür werden mit der Pfarrerin/dem Pfarrer besprochen. Bei diesem Gespräch wird auch das weitere Vorgehen geklärt: Sollen die Eltern einen schriftlichen Antrag an die Kirchengemeinde stellen? Oder sind die Anfrage und das Gespräch mit dem Pfarramt vorerst ausreichend? Wer bringt das Anliegen in die Gemeindeleitung ein? Wann erfolgt dies und wann ist mit einer Rückmeldung zu rechnen?

Schwieriger ist es, wenn der Wunsch von einer einzigen Familie vorgetragen wird. Aber das ist keinesfalls ein Grund, ihn abzulehnen. Möglicherweise ist das der Impuls für die Gemeinde, sich mit dem Thema zu befassen. Damit würde die Möglichkeit geschaffen, daß weitere Interessierte, die sich bisher zurückgehalten haben, sich einbringen.

Selbstverständlich kann auch die Gemeindeleitung auf Grund ihrer Verantwortung für das Gemeindeleben initiativ werden und die Diskussion des Themas in Gang setzen. Dabei sollte aber von Anfang an die konkrete Umsetzbarkeit in der Gemeinde im Blick sein. Das Thema nur um des Themas willen zu verhandeln ist keine ausreichende Grundlage.

Einen langen Atem haben, aber Zeitvorgaben setzen

Nach den ersten Gesprächen braucht es ausreichend Zeit für die Beratungen in den einzelnen Gremien, in der Gemeindeleitung und der Mitarbeiterschaft. Gewarnt werden muß davor, die Diskussion auf einen zu engen Kreis von Beteiligten zu begrenzen in der Absicht, sie nicht ausufern oder sich verlaufen zu lassen. Von Anfang an sind auch klare Zeitvorgaben zu machen, zumindest bis zu einer Zwischenbilanz in der Gemeindeleitung (Ist die ganze Gemeinde informiert und an der Diskussion beteiligt gewesen? Welche Ziele wurden erreicht, welche nicht?)

Von dieser Zwischenbilanz aus ist das weitere Vorgehen zu planen: Wer muß noch gehört werden? Welche Positionen sind zu klären? Welcher Informationen bedarf es noch? Wann wird die Diskussion abgeschlossen? Ziel ist eine entsprechende Beschlußfassung der Gemeindeleitung über die Zulassung von Kindern zum Abendmahl. Dieser Beschluß ist die Grundlage für das weitere Vorgehen hinsichtlich der Vorbereitung der Kinder (und Eltern) auf die erste gemeinsame Abendmahlsfeier in der Gemeinde.

Ans Ziel gelangen

Wenn der Beschluß so ausfällt, daß Kinder zum Abendmahl eingeladen werden, ist zu überlegen, wie dies am besten geschehen kann:

- wie werden die Kinder auf die gemeinsamen Feiern vorbereitet (Unterricht, Wochenende, Freizeit, Schule, Kindergottesdienst), damit sie die einzelnen Teile des Abendmahles kennenlernen und von deren Bedeutung erfahren? Liegt diese Vorbereitung in der alleinigen Verantwortung der Gemeinde oder nur bei den Familien? Wer bereitet die Familien auf diese Aufgabe vor? Oder geschieht die Vorbereitung in gemeinsamer Verantwortung?

- wer gestaltet die Vorbereitungszeit und den Gottesdienst mit? Wie werden Kinder, Eltern, Paten, Kirchenvorstand, Mitarbeitende, Pfarrer/Pfarrerin einbezogen?

- wann findet der erste gemeinsame Abendmahlsgottesdienst statt und wie wird er gestaltet (Ablauf, Texte, Lieder, Abendmahlsfeier)?

Nach dieser Zeit der gründlichen Diskussion und Vorbereitung wird gemeinsam das Abendmahl gefeiert und die Gemeinschaft aller am Tisch des Herrn hergestellt.

Im Entscheidungsprozeß ist weiter zu klären:

1. Vorbereitung – ein einmaliges Ereignis?

Was passiert nach der ersten gemeinsamen Feier in der Gemeinde? Ist dann für alle Zeiten alles geregelt?

Nachfragen haben ergeben, daß sich die Gemeinden einmal in ganz ausführlicher Weise auf den Weg gemacht haben bis zur ersten gemeinsamen Feier. Meist wurde es noch ein- oder zweimal so gehandhabt, aber dann hat es sich einfach so ergeben, daß die nachfolgenden Jahrgänge auch ohne Vorbereitung zum Abendmahl gekommen sind, weil es ja nun möglich war. Oder weil sie als kleine Geschwister schon dabei waren.

Dies ist keine gute Regelung. Die Gemeinde darf sich der ihr zugewachsenen und bleibenden Verantwortung nicht entziehen und muß auch die Kinder stets neu zum Abendmahl hinführen und einladen. Bei der Konfirmation geschieht dies ja auch. Als eine gute Möglichkeit dafür bietet sich die jährliche Einladung der etwa drei- bis vierjährigen Kinder und ihrer Eltern an. Eine Gemeinde, der die Kinder ans Herz gewachsen sind, wird dafür Wege und Mittel (z. B. Tauferinnerungsbriefe, Geburtstagsbriefe, Einladungen über die Gruppenangebote und Gottesdienste) finden. Die Vorbereitung geschieht in jährlichen Themenreihen im Kindergottesdienst, im Kindergarten, in der Schule, in der Kindergruppenarbeit, bei Kinderbibeltagen oder bei Familienfreizeiten. Im letzten Fall können dann auch die Kinder, die eine Hinführung schon erlebt haben, aktiv in die Gestaltung miteinbezogen werden. Gleiches gilt auch dann, wenn die Vorbereitung durch die Familie erfolgt. Auch Erwachsene brauchen eine stete und kompetente Begleitung und Ermutigung in Form von Einzelgesprächen, Themenabenden und Informationsmaterialien.

2. Wie alt sollten die Kinder sein?

Fast überall wird intensiv die Frage des Alters der Kinder, die zum Abendmahl eingeladen werden, diskutiert. Meistens wird das Schulalter als unterste Grenze angesehen. Als Gründe werden dafür genannt:

1. Kinder in diesem Alter verstehen leichter und schneller, was das

Abendmahl bedeutet, weil sie durch die Schule im verstandesmäßigen Aufnehmen von Lerninhalten geübt sind. Die Festlegung auf das Schulalter hat ihren Grund darin, daß bei den ersten Verhandlungen Zugeständnisse denjenigen gegenüber gemacht werden mußten, die die Vorbereitungszeit auf das Abendmahl unter lerntheoretischen Aspekten sahen.

2. Sie bilden eine exakt zu fassende Zielgruppe.

In Anbetracht der Veränderungen in der Entwicklung der Kinder und auch der Einstellungen ihnen gegenüber ist eine kategorische Festlegung der Zulassung auf das Schulalter heute nicht mehr angemessen. Zu verschieden sind Kinder, Gemeinden und regionale Traditionen.

Grundsätzlich ist an der Vorstellung festzuhalten, daß den Kindern gute und verständliche Zugänge zum Abendmahl angeboten werden sollen und sie dafür auch eine bestimmte geistige und geistliche Reife haben müssen. Diese darf wohl angenommen werden ab einem Alter von drei bis vier Jahren.

Aber was ist, wenn noch jüngere Kinder (meist Geschwisterkinder) zum Abendmahl mitgebracht werden? Zurückgewiesen werden können und dürfen sie von der gemeinsamen Feier nicht. Entschieden werden kann, und zwar schon in der Diskussion vorher, über die Form der Beteiligung: Austeilen der Elemente (wenn, dann beide) oder Handauflegungssegen. Die Kinder sind auf alle Fälle in die Feier integriert, sie erleben ihren Ablauf und die Stimmungen, sie nehmen die Reaktionen und das Verhalten der übrigen Beteiligten, insbesondere ihrer Eltern oder der sie begleitenden Erwachsenen, wahr. Auf diese Weise wachsen sie in die gemeinsamen Feiern hinein und erhalten so einen für ihr Alter genügenden Zugang.

3. Wie oft solllen Abendmahlsfeiern mit Kindern angeboten werden?
Spezielle Abendmahlsfeiern mit Kindern sind keine gute Lösung und deshalb auch nicht anzustreben. Die Kinder sollten immer in die Gemeinschaft der Feiernden eingeladen sein und nicht nur punktuell. Natürlich gibt es besondere Anlässe im Kirchenjahr (z. B. Erntedank) oder Gemeindeleben (z. B. Gemeindefest), bei denen die gesamte Gottesdienstgestaltung mehr die Familien und Kinder im Blick hat als die traditionelle Gottesdienstgemeinde. Dort bietet sich dann die gemeinsame Feier des Abendmahls besonders an.

Aber sonst sind nach der grundsätzlichen Zulassung die Kinder jedesmal eingeladen. Die Erfahrung zeigt, daß deswegen nicht bei jedem Abendmahl auch Kinder dabei sind. Und bei besonderen Gegebenheiten z. B. am Gründonnerstag oder Buß- und Bettag werden sich die Kinder, die tatsächlich kommen, einbringen in den vorgegebenen und erlebbaren Charakter des Gottesdienstes.

Eine gute Konsequenz aus der Zulassung von Kindern zum Abendmahl ist auch die Ausweitung der Angebote insgesamt. Einmal im Monat, wenigstens alle zwei Monate, sollte dann das Abendmahl gefeiert werden. So haben alle die Möglichkeit, den passenden Zeitpunkt zu finden.

Kein Unglück ist es, wenn ein Kind zum Abendmahl kommt, das noch nicht »vorbereitet« ist. Denn die Einladung Gottes an alle seine Gemeindeglieder »Kommt und schmeckt, wie freundlich der Herr ist« gilt zu jeder Zeit und jedem, der sie hört.

Eins nach dem anderen
Die einzelnen Schritte ausführen

1. Schritt: Den Wunsch/die Initiative positiv aufnehmen

Der Wunsch nach einer Einladung der Kinder zum Abendmahl sollte am besten aus der Gemeinde (Eltern, Mitarbeitende) kommen. Wichtig ist es, diesen Wunsch positiv aufzugreifen und ihn nicht als Spinnerei, neumodische Anwandlung oder als unzulänglichen Eingriff in die Gestaltungshoheit der Gemeindeleitung abzuwehren. Die dadurch erfahrene Zurückweisung verletzt Menschen sehr und bringt eine kaum mehr rückgängig zu machende kritische Haltung mit sich, die zur Ablehnung der Gemeinschaft selbst führt bis hin zur (inneren) Abkehr, dem Austritt oder der Zuwendung zu der Gruppe, die das Anliegen positiv aufgreift.

In einem Gespräch zwischen der Pfarrerin oder dem Pfarrer und denjenigen, die das Thema anstoßen, werden die aktuelle Situation in der Gemeinde, theologische und inhaltliche Fragen zum Abendmahl besprochen, um Unklarheiten, falsche Vorstellungen oder Erwartungen von Anfang an zu vermeiden. Besteht am Ende des Gesprächs Übereinstimmung, daß die Kinder zum Abendmahl eingeladen werden sollen, sind die weiteren Schritte abzusprechen.

Ergreift die Gemeindeleitung (Kirchenvorstand/Pfarrer) die Initiative, so soll dies im Blick auf die konkrete Gemeindesituation und auf Gemeindeglieder, die sich davon auch ansprechen lassen, geschehen. Der Bezug zur Gemeinde soll damit gewahrt sein, ein über die Gemeinde hinweggehender Prozeß vermieden werden.

Kommt es nach dem ersten Gespräch zu dem Ergebnis, daß in der Gemeinde derzeit keine Möglichkeit besteht, diesen Wunsch umzusetzen, weil entweder die Pfarrerin bzw. der Pfarrer oder der Kirchenvorstand sich dagegen ausspricht oder bereits ein anderslautender Beschluß gefaßt ist und sich keine weiteren Verbündeten finden lassen, bleibt nur der Weg in eine Gemeinde, die sich dem Anliegen geöffnet hat.

2. Schritt: Den Wunsch/die Initiative umsetzen

Der Wunsch der Eltern/Kinder/Mitarbeitenden muß in der Gemeindeleitung beraten werden, bevor das Thema offiziell in der Gemeinde zur Diskussion gestellt wird. Sind mehrere Pfarrer in der Gemeinde, dann sollte zuerst zwischen ihnen der Beratungsprozeß beginnen mit der Absicht, zu einem gemeinsam getragenen Votum zu kommen. Hier können bereits unterschiedliche Ansichten besprochen und geklärt werden.

Die Beratung im Kirchenvorstand ist in jedem Fall nötig, weil dort auch die Entscheidung getroffen wird. Sorgfältig sind die theologischen und gemeindepädagogischen Aspekte zu besprechen. Gut ist es, sich dazu einen Referenten (vgl. Adressen im Anhang »Andere Länder, andere Sitten?«, S. 207) einzuladen. Emotionen können so leichter abgeleitet, sich festfahrende Argumentationen weitergeführt und insgesamt eine konstruktive Diskussion erreicht werden. Unterschiedliche Auffassungen können eingebracht werden, ohne daß sie sich in Konfrontationen verfestigen, die dann hinderlich für die Beschlußfassung sind.

Bei den ersten Beratungen in der Gemeindeleitung ist zu klären, in welcher Weise die Mitarbeiterschaft, die Eltern und Familien und die Gemeinde an der Diskussion beteiligt werden. Gibt es Gemeindeabende, Mitarbeiterversammlungen, Elternabende, eine Gemeindeversammlung, schriftliche oder mündliche Informationen und Rückmeldungen? Welche Zeitplanungen sind für eine zielorientierte Beratung notwendig? Auf nicht zu knappe Zeitspannen (gehetzte, durchgepeitschte, evtl. inhaltlich nicht ausreichende Diskussion) ist ebenso zu achten wie auf zu langfristig angesetzte Beratungszeiten (ermüdende, um sich selbst kreisende Diskussion ohne neue Argumente). Ein Gesamtzeitrahmen von der ersten Anfrage/Überlegung bis hin zur Grundsatzentscheidung von etwa ein bis eineinhalb Jahren sollte angestrebt werden und reicht meist auch aus für eine angemessene Diskussion.

3. Schritt: Information der Gemeinde und Diskussion

Nach den ersten Beratungen in der Gemeindeleitung sollte es zu einer möglichst umfassend angelegten Diskussion in der Gemeinde kommen. Je gründlicher in dieser Phase gearbeitet wird, vor allem durch klare Informationen, um so höher wird später die allgemeine Akzeptanz des Ergebnisses sein. Diese Informationen werden über den Gemeindebrief, die Kirchenzeitung, bei Informationsabenden, durch Bereitstellung von Material und Literaturbeiträgen, bei Themengottesdiensten, im kirchlichen und schulischen Unterricht gegeben.

Gewährleistet werden soll damit eine sachgerechte Diskussion und vorallem die Vermeidung von »Schockerlebnissen« durch plötzliche Änderungen in den bekannten Gestaltungsformen des Abendmahls mit der Folge von Verunsicherung oder sogar Ablehnung in der Gemeinde. Beides ist dem Abendmahl abträglich.

Sinnvoll ist es auch, sich bei Nachbargemeinden oder auf Dekanatsebene zu erkundigen, ob ein gemeinsames Vorgehen möglich ist oder ob bereits entsprechende Erfahrungen oder Beschlüsse vorliegen.

4. Schritt: Beschluß der Gemeindeleitung

Am Ende der Diskussion steht dann der Beschluß der Gemeindeleitung: »Wir laden Kinder zum Abendmahl ein« oder »Wir laden Kinder zum Abendmahl nicht ein«.

Entschließt sich die Gemeindeleitung gegen die Zulassung von Kindern zum Abendmahl, sollte sie dies für die Gemeinde anhand der Diskussionsergebnisse dokumentieren und gut begründen. An dieser Stelle sei noch einmal betont, daß es keine theologischen und entwicklungspsychologischen Gründe für solch eine Entscheidung gibt. Darüber hinaus hat sie in ihrer Signalwirkung für lange Zeit Nachwirkungen, die kaum als gemeindefreundlich zu verstehen sind. Sehr empfehlenswert ist es, diesen Beschluß nicht für alle Zeiten zu fällen (Überprüfungsklausel), sondern das Thema mit einem zeitlichen Abstand nochmals aufzunehmen.

Wird die Zulassung der Kinder zum Abendmahl beschlossen, dann ist dies ebenfalls der Gemeinde bekanntzugeben. Bei der Beschlußfassung sollte gleich überlegt und festgelegt werden, welche Möglichkeiten sich in der Gemeinde am besten eignen, Kinder und Erwachsene auf das gemeinsame Feiern vorzubereiten. Diese Vorbereitung ist ebenfalls in einem den jeweiligen Möglichkeiten entsprechenden zeitlichen und organisatorischen Rahmen durchzuführen.

5. Schritt: Hinführung der Kinder zum Abendmahl

Die Hinführung der Kinder (und oftmals auch der Eltern) ist nun vorzubereiten. Im Kindergarten, im Kindergottesdienst, im Religionsunterricht, durch spezielle Kurse, bei Freizeiten o. ä. kann dies geschehen. Die Methoden und Formen sind am Alter und dem Vorwissen der Kinder auszurichten. Ausreichend Anregungen und Modelle dazu finden sich auf S. 59 – 102.

Insgesamt sollte dies weniger durch Erklärungen und Definitionen, also eine mehr abstrakte Darstellung geschehen, sondern durch erzählendes und sinnenhaft ausgerichtetes Hinführen zur Bedeutung der Elemente, der Einsetzungsworte, der Gemeinschaft um das Kreuz. In diese Hinführung sind auch ganz bewußt praktische Übungen z. B. Friedensgruß, Brotweitergabe, Kelchweitergabe, Lieder, Gebete, Verhalten in der Gemeinschaft um den Altar einzubauen.

Erinnert sei an die Erkenntnis, daß Kinder viel intensiver im emotiven als im kognitiven Bereich lernen. Positive Erfahrungen durch symbolische und meditative Zugänge erreichen die Kinder besser als Lehrsätze.

Die Vorbereitung darf sich nicht zulange hinziehen (max. 5 – 6 Einheiten) und muß in eine gemeinsame Abendmahlsfeier münden.

Geschieht die Vorbereitung in und durch die Familien, sind diese, meist wohl die Eltern, entsprechend darauf vorzubereiten (Gespräche, Themenangebote, Informationsmaterialien).

6. Schritt: Miteinander Abendmahl feiern

Nach der Vorbereitungszeit werden alle zur ersten gemeinsamen Feier des Abendmahles eingeladen. Die Kinder sollten unbedingt an der Vorbereitung beteiligt werden (Tisch-/Altarschmuck, Raumvorbereitung, Einladungen etc.). Es soll ja auch ihre Feier sein. Schön ist es, wenn dies bei der Gesamtzeitplanung von Anfang an berücksichtigt wird und die ganze Gemeinde bei einem Familiengottesdienst, Gemeindefestgottesdienst oder bei einem besonderen Bezug zum Festkalender (Erntedankfest, Reformationsfest, Osterzeit) mitfeiern kann. Vorschläge für Gottesdienste finden sich auf den S. 103–129.

Wird entschieden, daß die erste Feier tatsächlich im Kreis der Vorbereitungsgruppe und der Eltern stattfinden soll, ist bald auch die Feier mit der gesamten Gemeinde vorzunehmen, damit die Gemeinde in das Werden von Neuem eingebunden ist. Priorität sollte aber der Feier mit der gesamten Gemeinde gegeben werden.

7. Schritt: Hellhörigsein für Rückmeldungen

Auf Rückmeldungen aus der Gemeinde und von den Kindern ist zu achten und ein entsprechender Rahmen dafür anzubieten. Am besten wäre es, die Möglichkeit von Rückmeldungen von Anfang an in die Planungen aufzunehmen (Nachgespräch).

Wie wichtig das ist, belegt folgendes Beispiel: Bei der Abendmahlsfeier weist ein Kind den Kelch mit dem roten Traubensaft nach längerem Hineinsehen zurück. Nach der Feier fragt der Pfarrer nach, warum es so gehandelt habe. Die Antwort des Kindes: »Ich habe mich vor dem Blut geekelt.« Deutlich wurde, daß trotz intensiver Vorbereitung der Bezug und gleichzeitig der Unterschied zwischen dem roten Traubensaft und dem Wort Blut aus den Einsetzungsworten nicht klar war und es so zu einer Gleichsetzung kam mit dem beschriebenen Ergebnis.

Bis es soweit ist, daß alle Gemeindeglieder zum Abendmahl eingeladen sind, wird noch längere Zeit vergehen. Verlorene Zeit – aus meiner Sicht. Aber das darf nicht zu einer übereilten Vorgehensweise führen, weil sich sonst andere Gemeindeglieder vor den Kopf gestoßen fühlen und der Feier fernbleiben könnten. Unaufgebbar ist die Vorstellung von einer versöhnten Gemeinschaft aller am Tisch des Herrn. Sie ist die Grundlage, auf die sich jegliches Gemeindewachstum stützt. Viele Jahrzehnte mit anderen Prägungen und Vorstellungen lassen sich nicht von heute auf morgen aus der Welt schaffen. Ecclesia semper reformanda – Kirche und Gemeinde sind stets in Bewegung und Weiterentwicklung. Das schließt auch diesen Bereich ein.

Ein spürbarer Aufbruch
Ergebnisse einer Umfrage in Bayern

In den Jahren 1993 und 1994 wurde in allen Dekanaten der bayerischen Landeskirche eine Umfrage zum Thema »Abendmahl feiern mit Kindern« durchgeführt. Ziel der Umfrage war es, den aktuellen Stand in den Gemeinden zu erheben, wo Kinder zum Abendmahl eingeladen sind, und ob es dafür besondere Formen gibt. Die Ergebnisse zeigen, daß es einen spürbaren Aufbrauch gibt, aber noch vieles mehr in Bewegung gebracht werden muß.

Es kamen 243 schriftliche Rückmeldungen aus den Gemeinden von 62 Dekanaten. Von 9 Dekanaten kam keine schriftliche Antwort, sondern die mündliche Auskunft, daß in keiner Gemeinde Kinder zum Abendmahl eingeladen sind.

Von diesen 243 Gemeinden laden 25 Gemeinden die Kinder zum Abendmahl ein. Der Anteil der Gemeinden im großstädtischen und städtischen Bereich überwiegt deutlich. 218 Gemeinden laden die Kinder nicht ein. Aber in vielen dieser Gemeinden dürfen die Kinder mit zur Abendmahlsfeier kommen und werden dann mit Handauflegung gesegnet. In einigen Gemeinden werden die Kinder, falls sie mit nach vorne zum Altar kommen und die Eltern zustimmen, vom Empfang des Abendmahls nicht ausgeschlossen. In einigen Gemeinden erhalten die Kinder Brot und Trauben in der Erwachsenenrunde oder als Extrarunde.

Mit 15 Gemeinden ist der Anteil derjenigen, die sich gerade in einem Entscheidungsprozeß befanden, auffällig hoch. Eine ganz erstaunliche Feststellung war, daß in einer Reihe von Gemeinden wohl kein grundsätzlicher Beschluß gefaßt worden ist, daß aber selbstverständlich bei Familienfreizeiten mit allen Anwesenden das Abendmahl gefeiert wird.

Das bedeutet, daß etwa 11 % zum Befragungszeitraum die Grundsatzentscheidung für eine Einladung der Kinder getroffen haben und weitere 7 % sich auf dem Weg dazu befanden.

Auf manchen Rückmeldungen war auch angegeben, wie die Kinder auf das Abendmahl vorbereitet wurden. Dies geschah durch Vorbereitungstreffen, die von den Verantwortlichen selbst geplant wurden, im Schulunterricht, bei Familienfreizeiten oder dadurch, daß der Pfarrer darüber predigte, dann bei der Einladung eine kurze Erklärung über die Bedeutung des Abendmahls abgab und die Kinder einlud. Deutlich wurde dies aber als Notlösung benannt und der Wunsch nach Vorbereitungsmaterialien geäußert.

Mittlerweile ist die Zahl der Gemeinden, die die Kinder zum Abendmahl einladen und die Zahl der Gemeinden, die sich derzeit in einer Entscheidungsphase befinden, gestiegen. Und das grundsätzliche Interesse am Thema ist, gemessen an den telephonischen Anfragen nach Beratung und Informations- und Arbeitsmaterial, in den vergangenen zwei Jahren sehr stark gewachsen. Dies zeigt, daß viele Gemeindeglieder und auch Gemeindeleitungen mit den derzeitigen Gegebenheiten nicht zufrieden sind. Änderungen sind erwünscht. Aber gerade beim Abendmahl wollen viele nichts falsch machen und keinen Unfrieden in die Gemeinde bringen. Vielmehr wollen sie die generationenübergreifende Gemeinschaft mit neuem Leben füllen und in der Gemeinde das Bewußtsein für eine von allen getragene Verantwortung stärken.

Welche Beobachtungen und Erfahrungen machen die Gemeinden, die Kinder zum Abendmahl einladen? Die meisten berichten, daß mit der Zulassung der Kinder die Zahl der Abendmahlsgäste insgesamt sehr gestiegen ist. Nicht nur aufgrund der Kinder, sondern auch wegen der sie begleitenden Erwachsenen und einer häufigeren Teilnahme der übrigen Gemeindeglieder. Die Abendmahlsfeier gewinnt an Fröhlichkeit und Lebendigkeit und erfreut sich einer höheren allgemeinen Akzeptanz. Das liegt auch an der spürbar »freundlicheren Liturgie« mit verständlicheren Texten. Die Theologie, die zur Sprache kommt, wird für alle offener und lebensnaher bezeugt, der Symbolgehalt der Feier insgesamt gewinnt an Bedeutung und Transparenz.

Für die Familien, besonders wenn mehrere Generationen (Kinder, Eltern, Großeltern) am Abendmahl teilnehmen, ist das Erleben der gemeinsamen Abendmahlsfeier eine bereichernde Erfahrung. Es entstehen neue Verbindungen, Beziehungen gestalten sich anders, über den Glauben und die Gestaltung des Glaubenslebens wird untereinander in anderer Weise gesprochen als bisher.

Eine wichtige Frage war in vielen Gemeinden die des alkoholfreien Abendmahls. Gab es da oftmals noch Vorbehalte mit dem Hinweis, daß Jesus Abendmahl mit Wein und nicht mit Traubensaft gefeiert habe, haben sich diese nach den ersten Erfahrungen mit Traubensaft meist schnell gelegt und zu dem Grundsatzbeschluß geführt, immer Traubensaft zu verwenden und damit Menschen, die aus gesundheitlichen Gründen keinen Alkohol trinken dürfen, die »Peinlichkeit der letzten Runde« (= Runde mit Traubensaft) zu ersparen.

Auch von negativen Erfahrungen wurde berichtet. Gemeindeglieder, die seit Jahrzehnten die traditionelle Regelung der Zulassung mit der Konfirmation kennen, haben Schwierigkeiten mit der Öffnung und fragen nach der weiteren Bedeutung der Konfirmation. Gemeindeglieder aus anderen Ländern (Aus- und Übersiedler) haben ebenfalls Bedenken geäußert und fragen, ob die Kinder verstehen, was das Abendmahl bedeutet und ob sie es auch würdig mitfeiern könnten. Bedenken, auf die in den Grundlegungen schon eingegangen wurde.

Als schwierig wurde es angesehen, wenn Kinder trotz vorheriger Vorbereitung ohne Eltern zum Abendmahl kommen. In einigen Gemeinden wurden daraufhin die Familiengottesdienste wieder ohne Abendmahl gefeiert. Schade, daß die einmal getroffene Entscheidung nicht durchgehalten wurde und die Kinder wieder die Leidtragenden waren.

Auf manchen Rückmeldungen war direkt oder sinngemäß vermerkt: mehr Mut dazu. Geholfen hat es zumindest soweit, daß das Thema erneut auf die Tagesordnung gesetzt wurde, daß in vielen Gemeinden neue Aufbrüche festzustellen sind und daß in einer Reihe von Gemeinden tatsächlich die Kinder zum Abendmahl eingeladen werden und der Einladung mit ihren Eltern folgen.

Modelle
Zur Einstimmung, Vorbereitung und zum Feiern

Die im Folgenden verwendeten Marginalien verweisen den Leser auf das Kapitel »Materialien und Bausteine« (S. 131–198). Die Seitenangaben im Text auf Höhe der Marginalie beziehen sich stets auf dieses Kapitel. Dort findet man das vollständig abgedruckte Material.

B verweist auf Bilder/Medien, **G** auf Gebete, **L** auf Lieder, **M** auf Meditationen und **T** auf Texte.

Im folgenden finden sich Modelle zur Einstimmung auf das Abendmahl, zur Gestaltung der Vorbereitung von Kindern und Eltern auf die gemeinsame Abendmahlsfeier und für die Feier selbst. Ohne Schwierigkeiten können eigene Materialien eingebracht oder die Modelle auf die örtlichen Erfordernisse zugeschnitten werden. Wichtig ist, daß ein in sich stimmiges Vorbereitungs- und Gottesdienstangebot erstellt wird.

Am Anfang stehen zwei Angebote, die auf unterschiedliche Weise Einstimmungen auf das Abendmahl anbieten: eine Agapefeier und eine Hinführung zu den Wurzeln des Abendmahls, dem Passamahl. Die Agapefeier mit Kindern und Eltern kann als Einstieg in die Vorbereitung eingesetzt werden. Die Geschichte vom Passamahl soll den Ablauf und die Ausgestaltung einer Passafeier zur Zeit Jesu vorstellen und ist daher vor allem für die Verantwortlichen zu deren Information und als Hintergrund für die Vorbereitung bestimmt. Selbstverständlich kann sie auch in die Vorbereitung der Kinder hereingenommen werden, sollte aber dann in kürzerer Form Verwendung finden. Sie soll nicht eingesetzt werden zur Feier eines Passamahls.

Die nachfolgenden Vorbereitungsmodelle präsentieren erprobte Gestaltungsmöglichkeiten. Aus den Materialien, Geschichten, Bildern, Medien oder Meditationen können weitere Bausteine entsprechend den jeweiligen Gestaltungsintentionen übernommen werden. Ob die Vorbereitung allein mit den Kindern oder zusammen mit den Eltern durchgeführt wird, ist vor Ort zu entscheiden. Gute Erfahrungen wurden damit gemacht, daß bei den ersten Einheiten nur die Kinder anwesend waren und die Eltern zu der Einheit eingeladen wurden, in der der Gottesdienst vorbereitet wurde. Geschieht die Vorbereitung in der Schule, ist es gut, diese letzte Einheit in der Gemeinde anzubieten. Für die Arbeit nur mit den Eltern bieten die beiden Elternseminare vielfältige Anregungen.

Unter dem Stichwort Familiengottesdienste werden Modelle für die Gestaltung der gemeinsamen Abendmahlsgottesdienste angeboten. Dazu finden sich in den Bausteinen Geschichten, Meditationen, Bildmeditationen, Gebete oder Lieder. Besonders für die Kinder ist es eine große Hilfe, wenn der Gottesdienst ihnen bekannte Elemente beinhaltet. Das mindert die Anspannung und erhöht die Konzentration.

ZUR EINSTIMMUNG

Das Agapemahl
Mit Gottes Gaben Gemeinschaft feiern

Wenn eine Gemeinde beginnt, ihre bisherige Tradition zu überdenken und neue Wege in der Gestaltung der Gemeinschaft gehen möchte, ist die Feier des Agapemahls eine gute Möglichkeit für die Kinder, sich auf die gemeinsame Abendmahlsfeier einzustimmen und bestimmte rituelle Abläufe kennenzulernen. Das Agapemahl (Liebesmahl, Gemeinschaftsmahl) ist ebenso wie das Abendmahl eine liturgisch geprägte Gemeinschaftsfeier. Es wird gemeinsam gegessen und getrunken als Zeichen für die Gemeinschaft im Glauben und Leben. Durch die Form der Feier lernen die Kinder einzelne Elemente des Abendmahles kennen und werden so schrittweise hingeführt zur Feier des Abendmahles. So wird die Agapemahlfeier ein Baustein für eine angemessene Vorbereitung der Kinder auf das Abendmahl.

Das Agapemahl unterscheidet sich vom Abendmahl dadurch, daß die Einsetzungsworte zu den Elementen Brot und Wein (Saft) nicht gesprochen werden (auch nicht in irgendwelchen verschwommenen Formulierungen, die so ähnlich klingen) und daß auch keine Anklänge an den Gedächtnischarakter des Abendmahles gegeben werden.

Seine liturgische Prägung liegt in den ausdrücklichen Dankworten für das Brot, den Wein (Saft) und alle anderen Tischgaben vor der Feier und dem Dank für die erlebte Gemeinschaft nach der Feier. Entsprechende Lieder und Gesänge zur Einstimmung auf die Gemeinschaft und während des gemeinsamen Essens und Trinkens bestimmen darüberhinaus den liturgischen Rahmen. Einfach Brot und Wein (Saft) im Kreis herumzureichen ist keine Agapemahlfeier.

Seinen Abschluß findet das Agapemahl mit dem üblichen und vor Ort bekannten Gottesdienstabschluß (Gebet, Vater unser, Sendung und Segen).

Die Feier eines Agapemahls bietet sich besonders gut im Anschluß an Geschichten an, in denen Essen und Trinken vorkommen, z.B. die Speisungsgeschichten (Matthäus 15,31 ff oder Markus 6,30 ff), die Berufung des

Levi (Lukas 5,27 ff) oder des Zachäus (Lukas 19,1–10) oder das Gleichnis vom großen Gastmahl (Lukas 14,15 ff).

Im Anschluß oder auch im Verlauf der Erzählung wird der festlich vorbereitete Tisch (Tischdecke, Blumen, Kerzen etc.) mit den Gaben Brot und Saft, evtl. auch Weintrauben, Rosinen, anderen Früchten z. B. Datteln, Feigen etc.) gedeckt. Das Brot ist vorgeschnitten. Fladenbrot kann in größere Teile gerissen werden. Der Saft (Traubensaft, Früchtetee o. ä.) steht in Krügen bereit. Hintergrundmusik in Form von israelitischen/orientalischen Melodien und Liedern betont den Festcharakter.

Eine/ein Mitarbeiterin/Mitarbeiter übernimmt die Rolle des Gastgebers. An der entsprechenden Stelle im Gottesdienst/der Erzählung leitet sie/er zum gemeinsamen Festmahl über mit einem Lied z. B. »Wir feiern heut ein Fest« oder:

»So feiern Jesus und die Menschen miteinander. Sie stärken sich für den Weg, der vor ihnen liegt. Sie feiern, daß sie beieinander sind, sie feiern ihre Gemeinschaft.

So wollen auch wir feiern und uns stärken lassen für unsere Wege. So wollen auch wir unsere Gemeinschaft und die Gemeinschaft mit Gott feiern und fröhlich miteinander essen und trinken.

Wir danken Gott für seine guten Gaben:

Herr, wir danken dir für das Essen/Brot und das Trinken/Saft. Du gibst uns diese Gaben, damit wir leben können. Wir bitten dich: schenke uns jetzt eine fröhliche Gemeinschaft und stärke uns mit den Gaben aus deiner Schöpfung. Amen.«

Dann wird gemeinsam gegessen und getrunken. Es sollte darauf geachtet werden, daß alle von allem etwas bekommen. Hintergrundmusik oder selbstgesungene Lieder, passend zum Thema, schaffen eine schöne Atmosphäre. Zum Fröhlichsein kann auch ein einfacher Tanz gehören.

Nach dem Essen und Trinken spricht der Gastgeber das Dankgebet:

»Lieber Gott, wir danken dir für dieses Fest, für Essen und Trinken. Wir danken dir, daß du bei uns bist in unserer Gemeinschaft. Begleite uns an jedem Tag unseres Lebens und schenke uns auch weiterhin eine fröhliche und schöne Gemeinschaft miteinander. Beschütze alle Menschen, die wir liebhaben und die uns liebhaben. Gib allen Menschen auf dieser Erde genug zum Essen und Trinken. Amen.«

Das Dankgebet kann mit weiteren Fürbitten versehen werden und ins gemeinsame Vaterunser (gesungen/getanzt/mit Bewegungen) einmünden. Es folgt dann der bekannte Abschluß des Gottesdienstes.

Je nach Situation kann mit den Kindern auch vor dem Abschluß des Gottesdienstes die Festtafel abgeräumt werden. So wird für alle das Ende des Festes (und damit der Verkündigung) ersichtlich. Vorsicht ist aber geboten, daß einige Kinder diese Zeit nicht »anderweitig«, d. h. für Störungen, weil sie nichts zu tun haben, nutzen. Das beeinträchtigt die gewachsene Atmosphäre und Stimmung sehr.

Mit der hier beschriebenen Form, die auch veränderbar und ergänzbar ist, gelingt eine stimmungsvolle Agapemahlfeier, die auf ganz unkomplizierte Weise die Kinder (und ihre Eltern) auf die gemeinsame Abendmahlsfeier vorbereitet und die sich ganz natürlich in den bekannten Gottesdienstablauf/Kindergottesdienst integrieren läßt.

Wie Jesus das Passamahl feierte
Eine Hinführung zu den Wurzeln des Abendmahls

Im Rahmen der Vorbereitung kann es für ein besseres Verstehen der Wurzeln des Abendmahls sehr hilfreich sein, die folgende Geschichte zu verwenden. Sie bietet verständliche und anschauliche Zugänge zu den einzelnen Elementen und dem Ablauf eines Passamahls.

Die Erzählung wurde zu einer Einheit aus dem Text-Themen-Plan für den Kindergottesdienst in der Evangelischen Kirche in Deutschland für das Jahr 1988 unter dem Titel »Vom Passa fürs Abendmahl lernen« geschrieben.

Zusätzlich wird auf die Einheit »Vom Passa zum Abendmahl« im Text-Themen-Plan für das Jahr 1996 und die Ausarbeitung dazu in der Zeitschrift »Evangelische Kinderkirche« Heft 1/1996 verwiesen. In beiden Beiträgen werden für das Verstehen des Verhältnisses von Passa und Abendmahl wertvolle Informationen und weitere Hinweise auf gute Materialien gegeben.

Sehr gut läßt sich dazu die OV-Folie »Passamahl« von Werner Küstenmacher einsetzen (vgl. »Weitere Materialien«).

1. Vorbemerkung: Passamahl oder Abendmahlzeit?

Hat Jesus mit seinen Jüngern am Abend vor seiner Verhaftung das jüdische Passamahl gefeiert? Darüber streiten sich die Gelehrten.

Die einen sagen: Ist Jesus am Rüsttag des Passafestes, an dem auch die Passalämmer geschlachtet wurden, gekreuzigt worden, dann hat er in seinem Todesjahr das Passafest nicht mehr feiern können. So hat es der Evangelist Johannes überliefert.

Die anderen sagen: Es spricht viel dafür, daß Jesu letztes Mahl ein Passamahl war. Dann ist er, wie es die anderen Evangelien überliefern, am ersten Tag des Passafestes getötet worden. Denn es ist anzunehmen, daß hinter der Zeitangabe des Todes Jesu bei Johannes eine theologische Deutung steht. Er will ausdrücken: Jesu ist das wahre Passalamm.

2. Der Ablauf einer Passafeier

Eine Passafeier zur Zeit Jesu wird wahrscheinlich folgenden Ablauf gehabt haben:

- Lagern um den Tisch

- Festtagssegen des Hausvaters über dem ersten Becher

- Essen der Vorspeise, bestehend aus Grünkräutern, Bitterkräutern und Fruchtmus

- Auftragen des Passalamms und Füllen des zweiten Bechers

- Passaandacht (Passaaggadah) des Hausvaters

- erster Teil des Lobgesangs

- Trinken des zweiten Bechers

- Tischgebet des Hausvaters über dem ungesäuerten Brot

- Essen der Hauptmahlzeit, bestehend aus Passalamm, Brotfladen, Bitterkräutern, Fruchtmus und Wein

- Tischgebet des Hausvaters über dem dritten Becher

- Einschenken des vierten Bechers

- zweiter Teil des Lobgesangs

- Lobspruch über den vierten Becher.

3. Ritus und Liturgie

Der Ablauf der letzten Mahlfeier Jesu soll möglichst so dargestellt werden, daß er nach Ritus und Liturgie einer jüdischen Passafeier entspricht. Einzelheiten sind aus der gegenwärtig gebräuchlichen »Pessach-Haggadah« übernommen. Es ist allerdings sicher, daß zur Zeit Jesu eine andere Agende benutzt wurde, die sich in Einzelheiten von der heutigen Form unterschied. Es ist auch anzunehmen, daß Jesus in den liturgischen Gebeten z. B. eine andere Anrede Gottes gewählt hat.

4. Vorbereitung zum Abendmahl

Über Feste soll man mit Kindern nicht reden, sie müssen mit ihnen gefeiert werden. Und dennoch bietet sich das Passafest dafür nicht an, soll es nicht distanzlos vereinnahmt werden. Ebenso dürfte es nicht geeignet sein, die letzte Passafeier Jesu etwa im Rahmen eines Abendmahls mit Kindern nachzuvollziehen, denn unsere Abendmahlsfeiern sind ja keine Wiederholung des Mahles, das Jesus mit seinen Jüngern feierte. Dennoch können wir und die Kinder vom Passa für das Abendmahl lernen. Dafür bietet sich die Erzählung an.

Erzählung: Zwei Jünger auf dem Weg nach Jerusalem

Die Sonne war gerade erst aufgegangen, da machten sich Jakobus und Johannes auf den Weg nach Jerusalem. Sie waren nicht allein. Aus allen Teilen des Landes strömten Menschen in die Stadt auf dem Berge, um dort nach Sonnenuntergang das Passafest zu feiern. Viel war bis dahin noch zu tun. Das wußte Jakobus. Denn schon oft hatte er dieses Fest vorbereitet. Es würde diesmal anders sein als sonst. Das spürte er. Zum erstenmal würden sie mit dem Meister ganz allein feiern. Als Jesus ihn losschickte, da hatte er freudig den Auftrag angenommen. Dienen wollte er, ganz für die anderen da sein. Sie sollten sehen, daß er dazu fähig war. Wie so oft hatte sich sein Bruder Johannes ihm angeschlossen.

Sie finden einen Raum

So in Gedanken versunken durchschritten sie eines der Stadttore und ließen sich in der Menge treiben. »Siehst du dort den Mann mit dem Wasserkrug?«, wandte sich Jakobus an seinen Bruder. »Wir sollten ihm folgen.« Sie gingen hinter ihm her durch die Gassen bis er in einem Hauseingang verschwand. Johannes klopfte an der Haustür. Nach einer Weile öffnete ihnen der Hausherr. Jakobus kam schnell zur Sache: »Wir kommen im Auftrag unseres Meisters. Er läßt dich fragen: »Wo ist der Raum, in dem ich mit meinen Jüngern das Passamahl feiern kann?«

Als hätte der Hausherr auf diese Frage nur gewartet, forderte er sie auf: »Kommt herein!« Er führte sie in ein großes Obergemach und sagte: »Diesen Raum gebe ich euch.« Die beiden schauten sich um. Im Schein der Öllampen erkannten sie: der Boden war mit Teppichen ausgelegt; rings um die

Wände lagen genügend Polster, um sich rund um den Tisch in der Mitte zu lagern. Johannes und Jakobus freuten sich. Es war wirklich so eingetroffen, wie Jesus es ihnen vorhergesagt hatte. Nun hatten sie einen Raum, in dem sie unter sich sein und das Passa feiern konnten.

Sie bereiten das Mahl zu

Bald darauf begannen sie, das Fest vorzubereiten. Gemeinsam mit dem Hausherrn sammelten sie alles, was an Gesäuertem übriggeblieben war, und schafften es außer Haus. Dann gingen sie zum Markt, um einzukaufen. In sorgfältig gesäuberten Schüsseln bereiteten sie dann die Abendmahlzeit zu: eine Schüssel mit Petersilie und Radieschen; eine mit Meerrettich und Salat; eine mit Fruchtmus und Äpfeln, Nüssen und Zimt, mit Wein angerührt. Zusammen mit einem Krug Wein, einem Becher und von der Hausfrau gebackenen ungesäuerten Brotfladen stellten sie alles auf den Tisch.

Es war schon Nachmittag, als sie zum Tempelplatz gingen, um dort ein Passalamm zu kaufen. Sie ließen es schlachten und brieten es im Hof des Hauses über dem offenen Feuer. Das Lammfell überließen sie dem Hausherrn, denn er hatte ihnen ja den Feierraum zur Verfügung gestellt.

»Es ist Zeit, die anderen zu holen,« drängte Johannes seinen Bruder. Vor dem Stadttor nach Bethanien wartete Jesus mit den anderen Jüngern. Gerade war die Sonne untergegangen, da kamen die beiden dort an und riefen Jesus zu: »Meister, es ist alles bereitet. Komm und iß mit uns das Passalamm!«

Das Festmahl beginnt

In der hereinbrechenden Dunkelheit gelangten sie durch die jetzt leeren Gassen schnell zu dem Haus. Im Obergemach setzten sie sich zu Tisch. Wie sehr hatten sich alle auf diesen Abend gefreut. Jetzt war es soweit. Der Raum war erfüllt von dem Duft der Speisen und dem Geruch der flackernden Öllampen, die ihn in ein warmes Halbdunkel tauchten und die Gesichter der Männer erhellten.

Allein Jakobus hatte seinen Platz noch nicht eingenommen. An diesem Abend wollte er der Tischdiener sein. Deshalb nahm er den Weinkrug, füllte den Becher und reichte ihn Jesus, auf den sich jetzt alle Augen richteten. In ihm sahen sie den Hausvater, zu dessen Tischgemeinschaft sie gehören durften. Still war es im Raum geworden, als Jesus mit erhobenem Becher sprach:

»Gepriesen seist du, Herr, unser Gott, König der Welt, der du die Frucht des Weinstockes erschaffen hast. Gepriesen seist du, der du uns aus allen Völkern erwählt hast. Du gabst uns in Liebe bestimmte Zeiten zur Freude, Fest und Feiertage zur Wonne, wie diesen Tag des Passafestes, die Zeit unserer Befreiung, ein Ruf zur Heiligung, zum Andenken an unseren Auszug aus Ägypten. Gepriesen seist du, Herr, unser Gott, König der Welt, der du uns am Leben erhältst und diese Zeit erreichen läßt.«

Die Jünger kannten und liebten diese Eingangsworte des Hausvaters beim Passamahl, die sie schon als Kinder Jahr für Jahr gehört hatten. Sie wußten: Auch wir gehören zum erwählten Volk Israel. Gott zeigte ihnen auch jetzt seine Nähe in dieser Tischgemeinschaft.

Nachdem Jesus aus dem Becher getrunken hatte, reichte er ihn weiter. Der Becher ging von einem zum anderen. Dann nahm Jesus ein Stück Petersilie, tauchte es in Salzwasser und sprach:

»Gepriesen seist du, Herr, unser Gott, König der Welt, der du die Erdfrucht erschaffen hast.«

Als er davon gegessen hatte, gab er den Jüngern die Grünkräuter. Bevor sie aßen, tauchten auch sie das Kraut ins Salzwasser und sprachen jeder für sich den Segensspruch. Jetzt konnte die Vorspeise beginnen. Jeder nahm sich etwas von den Speisen, die in den Schüsseln zubereitet waren. Die erwartungsvolle Spannung hatte sich gelegt.

Die Freude über die Tischgemeinschaft ist gestört

Während sich die Jünger unterhielten, sagte Jesus plötzlich: »Wahrlich, ich sage Euch: Einer von Euch wird mich verraten.« Jäh hörten sie auf zu essen und zu reden. Beklemmende Stille trat ein. Erschrocken wichen die Männer auf ihren Polstern zurück, die Augen vor Schreck weit geöffnet. In die Stille hinein fragte Petrus: »Doch nicht ich?« Einer nach dem anderen stellte die Frage und schaute dabei Jesus an. Der sprach: »Es ist einer von euch, der mit mir den Bissen in die Schüssel taucht.«

Da wurden die Jünger traurig. Sie verstanden: Jeder von ihnen konnte der Verräter sein. Zögernd fuhren sie fort, die Kräuter in die Schüssel mit dem Fruchtmus zu tauchen. Nicht nur für Jakobus schmeckte der Meerrettich nun bitterer als sonst. Er konnte kaum schlucken, weil er einen Kloß im Hals spürte. Ihm kam es so vor, als ob eine zentnerschwere Last ihn bedrückte. So wie jetzt, so mußten seine Vorfahren damals die Bedrückung durch die Ägypter gespürt haben.

Jesus unterbrach ihn in seinen Gedanken: »Es ist Gottes Absicht, daß ich dahingehe. Aber wehe dem, der mich verrät. Es wäre für diesen Menschen besser, er wäre nicht geboren.« Jakobus wollte im Boden versinken. Er wollte fortlaufen, aber er war wie gelähmt. Diese Tischgemeinschaft war für ihn unerträglich geworden. Seine Augen wurden feucht, und er verbarg sein Gesicht in den Händen.

Erinnerungen an Gottes Heilshandeln

Er wußte nicht, wieviel Zeit vergangen war, als sein Bruder Johannes ihn anstieß und auf den Becher wies. Jakobus wischte sich die Augen und erhob sich. Dann nahm er den Weinkrug, füllte den Becher und reichte ihn Jesus. Darauf ging er hinaus, holte das gebratene Lamm und legte es auf den Tisch. Johannes hatte sich aufgerichtet. Er wußte, daß er als der Jüngste jetzt an der Reihe war, und begann zu fragen:

»Warum ist diese Nacht so ganz anders als die übrigen Nächte? In allen Nächten können wir Gesäuertes und Ungesäuertes essen, in dieser Nacht aber nur Ungesäuertes. In allen Nächten essen wir beliebige Kräuter, in dieser Nacht nur Bitterkraut. In allen Nächten essen wir freisitzend oder hingelehnt, in dieser Nacht nur hingelehnt.«

Auch die anderen Jünger hatten sich wieder gefaßt und antworteten:

»Sklaven waren wir einst dem Pharao in Ägypten, da führte uns der Herr, unser Gott, von dort hinaus mit starker Hand und ausgestrecktem Arm. Und hätte der Heilige, gelobt sei er, unsere Väter nicht aus Ägypten geführt, dann wären wir und unsere Kinder und Kindeskinder dem Pharao dienstbar geblieben. Und wären wir auch alle Weise, es bliebe dennoch unsere Pflicht, den Auszug aus Ägypten zu erzählen. Und jeder, der den Auszug aus Ägypten erzählt, ist rühmenswert.«

Da fing Jesus an, nach den Worten der Schrift zu erzählen, wie Gott sein Volk in Ägypten beschützt und es aus der Sklaverei herausgeführt hatte, wie er ihm den Weg durch das Meer und die Wüste gezeigt und es schließlich in das Land geführt hatte, in dem sie jetzt wohnten. Er beendete seine Predigt mit den Worten: »Daher ist es unsere Pflicht, unserem Gott zu danken, ihn zu loben, zu preisen, anzubeten und zu feiern, ihn, der für unsere Väter und uns alle diese Wunder wirkt: Aus Knechtschaft führte er uns zur Freiheit, aus Kummer zur Freude, aus Trauer zur festlichen Feier, aus Finsternis zum strahlenden Licht, aus Sklaverei zur Erlösung. Laßt ihm uns ein neues Lied anstimmen. Halleluja!«

Voller Dank und Freude stimmten die Jünger den Gesang an und lobten Gott. Längst waren sie mit ihren Gedanken wieder beim Passafest. Als der letzte Psalm verklungen war, nahm Jesus den Becher, trank daraus und reichte ihn an seine Jünger weiter.

Das Brot der Gemeinschaft

Während der Becher noch herumgereicht wurde, richtete Jesus sich auf. Auf den Polstern sitzend, nahm er die Brotfladen vom Tisch in beide Hände und sprach:

»*Gepriesen seist du, Herr, unser Gott, König der Welt, der du das Brot auf der Erde wachsen läßt.*«

»Amen. So ist es«, bekräftigten die Jünger. Dann begann Jesus für jeden von ihnen ein Stück Brot abzureißen. Bevor er das erste Stück Brot weiterreichte, schaute er es an und sprach: »Nehmt, das ist mein Leib.«

Stück für Stück zerriß er die Brote und reichte die Teile weiter, bis er sich selbst ein Stück abbrach und langsam aß. Nun hatten auch die Jünger zu essen begonnen.

Erstaunt blickten sie Jesus an. Noch nie hatten sie das Brot beim Passamahl so andächtig gekaut. Denn sie hatten verstanden: Mit dem Brot gibt er sich selbst.

Jakobus erinnerte sich an das Brot, das die Israeliten zur Stärkung auf der Wanderschaft durch die Wüste gegessen hatten. Wirklich, dies war jetzt ein Brot zur Stärkung für ihn. Der Meister gab sich ihnen selbst. Er fühlte sich ihm ganz nah. Hatte nicht Jesus mit diesem Wort die Tischgemeinschaft wieder hergestellt, auch mit dem Verräter? Das Brot des Elends der Väter war ihm zu einem Brot der Kraft geworden.

Das Hauptmahl hat begonnen

Leben war in ihre Gemeinschaft zurückgekehrt. Sie merkten, wie hungrig sie waren. Die Männer reichten einander die Speisen, die für das jetzt beginnende Hauptmahl bestimmt waren. Jakobus teilte ihnen das Lammfleisch zu. Immer wieder nahmen sie sich Brot und Wein, bis alle satt waren.

Sie danken für die Speisen

Jakobus trug die Essensreste fort. Als er damit fertig war, richteten sich die Männer vom Lager auf und setzten sich auf die Polster. Jesus wartete, bis Jakobus den Becher wieder mit Wein gefüllt hatte und forderte dann die Jünger auf:

»Laßt uns den Herrn, unsern Gott, preisen! Ihm gehört, was wir genommen haben.«

Dann erhob Jesus den Becher und sprach ein Gebet:

»Gepriesen seist du, Herr, unser Gott, König der Welt, der du die ganze Welt nährst mit Güte, Gnade und Barmherzigkeit. Wir danken dir, Herr, unser Gott, daß du uns ein gutes und weites Land hast in Besitz nehmen lassen. Erbarme dich Herr, unser Gott, über Israel, dein Volk und über Jerusalem, deine Stadt. Und über Zion, die Wohnung deiner Herrlichkeit, über deinen Altar und deinen Tempel. Gepriesen seist du, Herr, der du Jerusalem baust.«

Als die Jünger das Amen gesprochen hatten, trank Jesus aus dem Becher.

Das Blut des neuen Bundes

Langsam reichte er ihn weiter und sprach dabei: »Das ist mein Blut des Bundes, das für viele vergossen wird.«

Während sie alle aus dem Becher tranken, klang dieser Satz in ihnen nach. Noch nie hatten sie ihn gehört.

Jakobus ahnte nur, was er bedeuten sollte. Jesus würde also bald sterben. Sein Leben würde er für sie hingeben. Wieder begann Traurigkeit in ihm hochzusteigen. Aber noch ging ihm ein anderer Gedanke durch den Kopf, der die Trauer zurückhielt. Gab sich nicht Jesus hin, damit er und alle anderen leben konnten? Solch eine Gabe hatte er noch nie kennengelernt. Was war da schon sein Dienst beim Passamahl! Wieder kamen ihm die Gedanken an die Vorfahren. War nicht der Wein beim Passa Vorgeschmack auf das Leben im gelobten Land Kanaan? Aber jetzt hatte er eine neue Bedeutung bekommen, als die Gabe eines neuen Lebens. Er wußte nicht, ob er traurig oder fröhlich sein sollte.

Jesus nimmt Abschied bis zum Wiedersehen

Ganz in Gedanken nahm er aus der Hand seines Bruders den Becher, trank daraus den letzten Schluck und füllte ihn wieder mit Wein, während Jesus weiterredete: »Das ist mein letztes Mahl mit euch. Ich werde von diesem Gewächs des Weinstocks mit euch erst wieder trinken, wenn Gott seine Herrschaft aufgerichtet hat. Ihn laßt uns loben.«

Es dauerte eine Weile, bis sie mit ihrem Gesang in die Freude der Psalmen eingestimmt hatten. Ein letztes Mal reichten sie einander den Becher, dann war das Passafest beendet.

Hinaus in die Nacht

»Wo werden wir in dieser Nacht bleiben?«, fragte Petrus. Jesus antwortete kurz: »Auf dem Ölberg, wie es vorgeschrieben ist.« Das letzte Lied noch auf den Lippen gingen sie aus dem Haus durch die leeren Gassen der Stadt. Nachdem sie das Stadttor nach Osten passiert hatten, stiegen sie langsam und vorsichtig ins Kidrontal hinab, so dunkel war die Nacht. In Gedanken waren die Jünger noch bei dem, was sie gerade mit Jesus erlebt hatten.

Diese Passafeier war anders als sonst gewesen. Sie würden sie nie vergessen – wegen Jesus. Was würde jetzt mit ihm geschehen?

VORBEREITUNGSMODELLE

Für viele, die sich für die Einladung von Kindern zum Abendmahl aussprechen, gehört eine angemessene Vorbereitung der Kinder (und Eltern) auf die Feier des Abendmahles dazu. Ihnen ist wichtig, daß alle wissen, worum es geht und warum die Gemeinde das Abendmahl feiert.

Die folgenden Vorschläge zeigen unterschiedliche Wege auf, wie Kinder und Eltern sich zusammen auf die erste gemeinsame Abendmahlsfeier einstimmen können. Sie sind überwiegend in der Form von Bausteinen skizziert, die dann entsprechend dem eigenen Konzept weiterentwickelt und gestaltet werden müssen.

Auf alle Fälle sollten die Vorbereitungseinheiten sehr abwechslungsreich und kreativ gestaltet werden, um bei den Kindern möglichst wenig Anklänge an einen »Schulkurs« zu erwecken. Dazu lassen sich die einzelnen Bausteine gut einsetzen und auch zusammenbringen.

Was sollte an Themen unbedingt aufgenommen werden?

Auf alle Fälle die Geschichte vom letzten Mahl Jesu mit den Jüngern und die Erklärung der Elemente Brot und Wein/Traubensaft (meditative Zugänge). Weiter die Vorstellung und der (dabei auch zu übende) Umgang mit den Abendmahlsgeräten.

Dazu Geschichten von Mahlgemeinschaften Jesu, vom Teilen und Vergeben.

Gut ist es auch, den Ablauf und die Gestaltung des gemeinsamen Abendmahlsgottesdienstes vorzustellen oder besser noch mit allen zu erstellen.

Ein wichtiger Botschaftsträger für Kinder sind die Lieder. Deshalb sollte mit den Kindern viel gesungen werden, insbesondere auch die Lieder, die beim ersten Abendmahlsgottesdienst gesungen werden.

Zuletzt eine persönliche Bitte und Anregung: Bitte begleiten Sie die Kinder in liebevoller und herzlicher Weise auf ihrem Weg zum ersten Abendmahl. Das ist wichtiger als die Sicherung von Ergebnissen und Erkenntnissen aus der thematischen Arbeit. Die Kinder lernen von Ihnen auf diese Weise auch, was Ihnen das Thema wert ist.

Geben Sie *Ihre* Zuversicht, Hoffnung und Liebe zum Abendmahl weiter. Das ist gut und ausreichend und wird in den Kindern ebenfalls die Liebe zum Abendmahl wecken.

Wir teilen Brot, wir teilen Saft
Vorbereitungsreihe im Kindergottesdienst

Solange keine Entscheidung darüber gefallen ist, ob Kinder zum Abendmahl eingeladen werden, sollte auch im Kindergottesdienst nichts unternommen werden, was eine solche Entscheidung vorwegnimmt. Der Kindergottesdienst darf auch nicht dafür verwendet werden, das Entscheidungsverfahren zu beschleunigen. Auch wenn im Kindergottesdienst selbstverständlich die Vorbereitung auf das Abendmahl durchgeführt werden kann, so muß als Zielvorstellung doch stets die Mahlgemeinschaft der gesamten Gemeinde gelten. Die Eltern sollten auf alle Fälle von vornherein in die Vorbereitung eingebunden sein.

Wo es nicht möglich ist, die Kinder und Eltern in einem eigenständigen Angebot auf das gemeinsame Feiern vorzubereiten, läßt sich eine entsprechende Vorbereitungsreihe in den Kindergottesdienst leicht einfügen. Die äußeren Bedingungen bleiben im bekannten Rahmen, die Mitarbeitenden können sich ohne Terminkollision gut auf diese Zeit einstellen.

Der folgende Vorschlag geht über vier Sonntage und mündet in die gemeinsame Feier in einem Familiengottesdienst, der mit der Vorbereitungsgruppe und dem Kindergottesdienst gestaltet und verantwortet wird. Alle Gestaltungsvorschläge können durch weitere Bausteine, insbesondere durch Lieder, ergänzt werden.

1. Sonntag

- Thema: Vergebung, Gemeinschaft

- Geschichte: Zachäus (Lukas 19,1–10)

- Leitgedanke: Gott schenkt Tischgemeinschaft als Zeichen der Vergebung

- Eingangspsalmen: »Geborgen ist mein Leben in Gott« oder »Geborgen wie in einer Burg« (aus: Sagt Gott wie wunderbar er ist.

Alte und neue Psalmen zum Sprechen und Singen, hg. von J. Koerver, G. Mohr, A. Weidle, Stuttgart 1990 Nr. 104 oder Nr. 38)

■ Gestaltung der Geschichte: Im Raum steht ein gedeckter Tisch für das spätere gemeinsame Essen. Die Kinder werden gebeten, sich an den Tisch zu setzen. Da aber ein Stuhl weniger vorhanden ist als Kinder, bekommt ein Kind keinen Platz. Schnell werden die Kinder dies merken und wollen den fehlenden Stuhl holen. Diese Situation ist dann der Einstieg in die Geschichte von einem Mann, den niemand an seinem Tisch haben wollte (vgl. »Der schönste Tag in meinem Leben« – Rut, die Tochter des Zachäus erzählt, S. 141). Die Geschichte wird entweder im Stuhlkreis oder am Tisch erzählt.

T

■ Vertiefungsspiel: Ausgestoßensein/Gemeinschaft erfahren: Die Kinder stellen sich im Kreis auf. Ein Kind wird in die Kreismitte gestellt. Es soll nun auf einzelne Kinder im Kreis zugehen. Kurz bevor das Kind zu einem der Kinder im Kreis kommt, faßt dieses seine Nachbarn an den Händen und sie schieben das Kind, das auf die Gruppe zugeht, mit einem lauten »Nein« zurück in Richtung Kreismitte. Nach zwei bis drei Durchgängen wechseln. Wenn mehrere Kinder dran waren, wird sich sicherlich ein lebhaftes Gespräch darüber ergeben.
Nach diesem Gespräch kann das Spiel nochmals gespielt werden, aber mit anderen Regeln. Jetzt wird das von der Kreismitte kommende Kind herzlich empfangen und als Zeichen der Gemeinschaft umarmt.

■ Tischgemeinschaft erfahren
In die Erzählung hinein wird ein Essen geplant. Es gibt Tee, Säfte, Kekse oder Brötchen. Wichtig ist, daß alle an einem Tisch sitzen und gemeinsam essen und trinken. Die Kinder werden sich über das gemeinsame Essen freuen und sich wohl fühlen. Darüber kann man leicht ins Gespräch kommen.

■ Abschluß mit Lied, Gebet und Segen

2. Sonntag

- Thema: Teilen – Satt werden

- Geschichte: Speisung der Fünftausend (Matthäus 14,13–21)

- Leitgedanke: Gott will, daß wir teilen und daß alle satt werden

- Eingangspsalm: »Das Brot teilen« Nr. 41 (aus: Sagt Gott wie wunderbar ... [s.o.])

- Gestaltung der Geschichte: Gemeinsam machen wir uns im Gottesdienst auf den Weg. Wir unternehmen eine lange und anstrengende Wanderung durch die Kirche oder das Gemeindehaus. Über Treppen, Stühle, unter Tischen sind wir »den ganzen Tag« unterwegs und bekommen riesigen Hunger. Doch niemand hat etwas zum essen dabei. Müde, erschöpft und hungrig setzen wir uns auf den Boden. Da holt eine Mitarbeiterin ein kleines Brot aus der Reisetasche. Allen Kindern wird das Brot gezeigt und jeder darf sich ein kleines Stück davon abbrechen und essen. Das schmeckt gut.
Dann wird die Geschichte erzählt. Vielleicht gibt es zum Ende noch etwas von dem Brot? Das kann dann nochmals geteilt werden.

- Abschluß mit Lied, Gebet und Segen

3. Sonntag

- Thema: Alle sind eingeladen

- Geschichte: Das große Gastmahl (Lukas 14,16–24)

- Leitgedanke: Wir alle sind von Gott eingeladen

- Eingangspsalm: »Du bist zu mir wie ein guter Hirt« Nr. 23 (aus: Sagt Gott wie wunderbar ... [s.o.])

- Gestaltung der Geschichte:
  Mit den Kindern werden einfache Tischkarten gestaltet. Darauf
  schreibt jedes Kind seinen Namen. Die Tischkarten werden einge-
  sammelt und dann von einer Mitarbeiterin auf einem noch leeren
  Tisch verteilt, so daß jedes Kind seinen Platz hat. Während die
  Tischkarten aufgestellt werden, sitzen die Kinder im Stuhlkreis und
  singen das Lied: »Wir feiern heut ein Fest« (S. 175). **L**

  Wenn alle Tischkarten verteilt sind, lädt ein Mitarbeiter die Kinder
  einzeln zum Fest ein. Er geht zu einem Kind, nimmt es an die Hand
  und beide gehen zu einem anderen Kind. Auch das wird an die Hand
  genommen und so entsteht allmählich eine lange Kette Eingela-
  dener. Singend ziehen alle durch den Raum und allmählich zum
  Festtisch. Alle nehmen Platz.

  Dann wird die Geschichte vom Gastmahl erzählt. Während der
  Geschichte kann immer wieder die Aufforderung des Gastgebers
  gesungen werden: »Alle sind eingeladen« (S. 176). Nach der Ge- **L**
  schichte wird das Festmahl vorbereitet, der Tisch gedeckt und ein
  kleines Fest gefeiert.

  Zum Feiern gehört auch das gemeinsame Tanzen. Deshalb ein Tanz-
  vorschlag zum Kanon »Laßt uns miteinander …«.

  Es werden zwei Kreise gebildet, ein kleinerer Innenkreis und ein
  größerer Außenkreis. Alle fassen sich an den Händen. Die beiden
  Kreise beginnen zeitversetzt den Kanon zu singen.

  »Laßt uns miteinander, laßt uns miteinander, singen, loben, preisen
  den Herrn«, der Innenkreis läuft links herum, der Außenkreis
  rechts herum;

  »Laßt uns das gemeinsam tun«, beide Kreise bleiben stehen;

  »singen, loben, preisen den Herrn«, beide Arme werden nach oben
  gestreckt;

  »singen, loben, preisen den Herrn«, beide Arme werden gesenkt
  und wieder nach oben gestreckt.

  »singen, loben, preisen den Herrn«, alle klatschen im Rhythmus;

  »singen, loben, preisen den Herrn«, alle gehen wieder im Kreis.

- Abschluß mit Lied, Gebet und Segen

4. Sonntag

■ Thema: Erinnerung – Jesus schenkt uns das Abendmahl

■ Geschichte: Das Abendmahl (Matthäus 26,20–30)

■ Leitgedanke: Jesus schenkt sich selbst im Abendmahl. Wenn wir Abendmahl feiern, erinnern wir uns an Jesus. Die Kinder sollen mit den Einsetzungsworten und den Abendmahlsgeräten vertraut werden.

■ Eingangspsalm: »Segne Vater, diese Gaben« Nr. 106 oder »Freundlich und hilfreich ist Gott« Nr. 60 (aus: Sagt Gott wie wunderbar... [s.o.])

■ Gestaltung der Geschichte:

B Als Einstieg dient ein Poster oder Bild mit der Abendmahlsszene oder auch eine der Diaserien (vgl. S. 156). Die Kinder beschreiben, was sie sehen. Die Abendmahlssymbole werden mit allen Sinnen erfahrbar gemacht. Brot wird geschmeckt, gerochen, gebrochen, geteilt und gegessen. Der Abendmahlskelch, gefüllt mit Traubensaft, wird angefaßt, befühlt und aus ihm wird getrunken.

T Danach wird die Geschichte erzählt. Als Alternative bietet sich auch die Geschichte »Brannte nicht unser Herz« (S. 148) an, aber ohne Abendmahlsfeier. Die Kinder sagen, was sie empfinden.

L Anschließend wird ein Lied gesungen, z.B. »Das Festmahl« (S. 183) oder »Wir teilen Brot« (S. 187).

Danach werden die Kinder mit den Einsetzungsworten vertraut gemacht. Eine Mitarbeiterin/ein Mitarbeiter spricht sie langsam und Stück für Stück vor und die Kinder sprechen diese nach. Wo Fragen sind, werden diese sofort besprochen.

■ Einladungsblatt gestalten:
Die Kinder erhalten ein Blatt, auf dem ein Altar ohne jeden Schmuck oder Gegenstände (z.B. Kreuz, Kerzen) abgebildet ist. Den Kindern wird erzählt, was am kommenden Sonntag alles auf dem Altar stehen wird: Kerzen, Kreuz, Blumen, Bibel usw. Die Kinder gestalten das Bild entsprechend aus, nehmen die Abendmahls-

geräte mit dazu und schreiben darüber: Alle sind eingeladen. Das fertige Bild nehmen sie mit nach Hause, laden damit ihre Familie ein und nehmen sie so mit in die Vorfreude auf den nächsten Sonntag hinein.

Bevor die Kinder gehen, sollte mit ihnen die Gestaltung des kommenden Gottesdienstes besprochen werden, insbesondere, wer welche Gegenstände wann zum Altar bringt und sie darauf stellt.

■ Abschluß mit Lied, Gebet und Segen

Familiengottesdienst

Der Familiengottesdienst zum Abschluß der Themenreihe sollte Texte und Lieder einbeziehen, z.B. Eingangspsalmen oder »Alle sind eingeladen« **L** (S. 176), die die Kinder bereits kennen. Gut eignen sich dann auch die Geschichte »Alle sind eingeladen« (S. 132) und die Meditationen zu Brot und **T** Wein (S. 163). **M**

Oder er wird unter dem Thema »Jesus teilt das Brot« gefeiert nach dem **B** gleichnamigen Buch von Regine Schindler (vgl. S. 155). Die Geschichte wird aus der Perspektive des Mädchens Priska erzählt. Diese wird im Gottesdienst vorgelesen oder erzählt. Dabei werden die Bilder gezeigt (eventuell farbig auf Overheadfolien kopiert oder als Dias abfotografiert oder per Episkop). Da die Geschichte insgesamt zu lang ist, sollte das Vorlesen oder Erzählen bei dem Teil mit dem Beginn des Festes (ab Seite 12) beginnen. Die Geschichte vorher ist in geraffter Form zu erzählen.

Empfehlenswert ist es, den Gottesdienst in dem den Kindern vertrauten Zeitrahmen und Ablauf zu feiern und anschließend noch zu einem gemeinsamen Beisammensein einzuladen. Da können die Kinder und Eltern über ihr Erleben sprechen und die Freude an der erlebten Gemeinschaft vertiefen.

Gemeinsames Brotbacken

Wenn es möglich ist, können Eltern und Kinder am Samstag vor dem Familiengottesdienst zum Brotbacken eingeladen werden. Es wird sowohl das Brot für die Abendmahlsfeier gebacken als auch kleine Brote für die Gottesdienstbesucher, die diese mit nach Hause bekommen. Das gemeinsame

Backen fördert nicht nur die Vorfreude auf das Abendmahl, sondern steigert auch die Beziehung der Kinder zum Abendmahl. Während der Ruhepausen im Bearbeitungs- oder Backvorgang ist Zeit, nochmals den Gottesdienst zu besprechen, einzelne Aufgaben abzusprechen bzw. daran zu erinnern oder die Lieder anzusingen.

Rezept für das Brot / die Brote:

Zutaten: 750 gr Weizenmehl Typ 1050, 3 gestrichene Teelöffel Tafelsalz, 1 Prise Zucker, 30 gr Presshefe, ½ Liter Wasser, Mehl zum Kneten, Fett für das Backblech.

Das Mehl wird in eine Schüssel gesiebt und mit dem Salz und Zucker gut gemischt. Die Hefe wird über das Mehl gebröckelt. Dann das handwarme Wasser dazugeben und mit einem Rührgerät solange rühren, bis sich der Teig vom Schüsselrand löst. Der Teig wird nun mit bemehlten Händen zu einem Ball geformt und auf einer mit Mehl bestäubten Arbeitsfläche zehn Minuten lang kräftig geknetet, bis der Teig nicht mehr klebt und geschmeidig ist. Der fertige Teig wird wieder mit Mehl bestäubt und zum Gehen in eine ausgestäubte Schüssel gelegt und zugedeckt. An einem warmen Ort etwa 45 Minuten gehen lassen bis die Teigmenge sich verdoppelt hat. Nochmals kurz durchkneten und dann zu einem Brotlaib formen. Das Brot erneut etwa 30 Minuten auf dem eingefetteten Backblech gehen lassen und dann bei 200 Grad (Gas Stufe 4) etwa 40 Minuten backen.

Da an einem Brot nicht alle gleichzeitig arbeiten können, ist es sinnvoll, aus einem weiteren Teig viele kleine Brote zu formen für die Gottesdienstbesucher. Die Teigmenge ergibt etwa 20 kleine Brote. Sie werden bei gleicher Temperatur etwa 20 Minuten gebacken.

Bei Jesus sind wir heut zu Gast

Ein Projekt zur Vorbereitung von Kindern (und Erwachsenen) auf das Abendmahl

Um den Kindern und Erwachsenen für die gesamte Thematik den Zugang zu erleichtern, wird für jeden Tag/Teil ein einheitliches Gestaltungsprogramm beibehalten, in das die jeweils neuen Aspekte eingebracht werden. So kommen Vertrautes und Neues auf gute Art zusammen.

Zur Verdeutlichung können die beiden OV-Folien »Die Abendmahlsfeier im Gottesdienst« und »Ökumenisches Abendmahl« von Werner Küstenmacher eingesetzt werden (vgl. »Weitere Materialien«).

1. Tag/Teil: Was unser Herz erfreut

■ Aspekt: Das Abendmahl als Vorwegnahme des Freudenmahles mit Gott

■ Bedeutung des Weines

■ Biblischer Bezug: Hochzeit zu Kana (Johannes 2,1–11)

2. Tag/Teil: Was uns verbindet

■ Aspekt: Das Abendmahl schenkt Gemeinschaft und Versöhnung

■ Biblischer Bezug: Zachäus (Lukas 19,1–10)

3. Tag/Teil: Was unser Herz stärkt

■ Aspekt: Erinnerung an Jesus Christus

■ Die Bedeutung des Brotes

■ Biblischer Bezug: Der Gang nach Emmaus (Lukas 24,13–35)

4. Tag/Teil: Wir sind eingeladen

■ Aspekt: Christus lädt alle an seinen Tisch

■ Biblischer Bezug: Die große Einladung (Lukas 14,15–24)

5. Tag/Teil: Das Fest wird vorbereitet

■ Aspekt: Gemeinsam das erste Abendmahl vorbereiten

■ Biblischer Bezug: Das letzte Mahl Jesu mit seinen Jüngern (Lukas 22,7–20)

6. Familiengottesdienst mit Abendmahl

■ Gesamtgestaltung zu den einzelnen Teilen

■ Gemeinsamer Einstieg: Begrüßung, Lied/Lieder, Ankündigung des jeweiligen Themas und Gestaltung des Zusammenseins

T

■ Gruppenarbeit: Erzählen der jeweiligen Geschichte aus der Sicht eines Kindes (z. B. »Der schönste Tag in meinem Leben – Rut, die Tochter des Zachäus erzählt«, S. 141; auch die anderen Geschichten können entsprechend gestaltet werden).
Vertiefen durch Lieder, Bilderbücher, Fingerspiele, Rollenspiele, kreative Gestaltung; wenn es sich einrichten läßt, die Kinder in die Erzählung als Spielpantomime integrieren; Gebete, gemeinsames Essen und Trinken.

Einzelvorschläge

■ 1. Tag/Teil: Jüngere: Feiern – Feste, die wir kennen; aus der Kleiderkiste Hochzeitsfest gestalten
Mittlere/Ältere: Weinanbau und -herstellung, Tonbild »Brot und Wein«, Traubenmeditation mit Herstellung von frischem Traubensaft (vgl. Meditation, S. 164)

M

T

■ 2. Tag/Teil: Jüngere: Spielpantomime zur Geschichte, Geschichten von Gemeinschaft und Versöhnung (vgl. S. 134 oder S. 143).

Mittlere / Ältere: Rollenspiel / Erfahrungsspiele zur Thematik Angenommen – Ausgeschlossen (z. B. Spiel in »Wir teilen Brot, wir teilen Saft« 1. Tag / Teil, S. 75)

■ 3. Tag / Teil: Jüngere: Bedeutung des Brotes, Brotgeschichte, Brotbacken (Rezept S. 80)
Mittlere / Ältere: Brotmeditation »Was unser Herz stärkt« (S. 158); »Der Gang nach Emmaus« (S. 152)

M
B

■ 4. Tag / Teil: Jüngere: Einladungskarten für Eltern, Familien gestalten
Mittlere / Ältere: Einladungsplakate, Einladungskarten für Gruppen und Kreise in der Gemeinde erstellen, »Tischkarten« für den Familiengottesdienst und die Familien, deren Kinder zum ersten Mal zum Abendmahl eingeladen werden

■ 5. Tag / Teil: Jüngere: Kennenlernen der Abendmahlsgeräte und ihrer Bedeutung, Vorbereitung auf den Gottesdienst, Schmücken der Kirche
Mittlere / Ältere: Kennenlernen der Abendmahlsgeräte und ihrer Bedeutung (Wie sehen sie aus? Sind Bilder sind darauf zu sehen? Welche Botschaft zeigen sie? Wie alt sind die Geräte? Hat sie jemand gestiftet? Wie geht man mit ihnen um?)
Gestaltung des Gottesdienstes und Mitarbeit vereinbaren, Schmücken der Kirche.

■ Gemeinsamer Abschluß
Zusammenfassung der Tagesthematik, Lied / Lieder, Gebet, Vater unser, Segen / Segenslied, Einladung zum nächsten Tag / Teil, Hinweis auf benötigte Materialien.

Familiengottesdienst

Den Gestaltungsvorschlag zum Familiengottesdienst »Bei Jesus sind wir heut zu Gast« finden Sie auf S. 122.

Nichts für uns? – Kinder beim Abendmahl
Kinder-Bibel-Tage mit Familiengottesdienst

Der folgende Entwurf wurde erarbeitet in einer Gemeinde, die Kinder das erste Mal zum Abendmahl einlud. Er beinhaltet drei Themeneinheiten zur Vorbereitung, die in den Familiengottesdienst mit der gesamten Gemeinde einmünden.

Vorausgegangen war eine etwa einjährige Informations- und Diskussionszeit in der Gemeinde und im Kirchenvorstand. Die Initiative dazu ging von einem Kreis junger Eltern und dem Pfarrersehepaar aus und wurde nach anfänglichem Zögern positiv aufgenommen und mitgetragen.

Für den Abdruck wurde auf alle ortsspezifischen Hinweise verzichtet und nur die Grundstruktur im Ablauf, die Aktionen, Medien, Liedertitel, Geschichten und Materialien aufgenommen.

1. Tag: Erinnerung

■ Einstieg: eine Familie sitzt beim Abendessen – wichtige Dinge werden besprochen (s. S. 88)

■ Überleitung: So wie unsere Familie zum Essen und Reden beisammensaß, so saß auch an einem Abend Jesus mit seinen Jüngern zusammen. Aber es war kein normales Abendessen, sondern ein Festessen. Jesus und die Jünger erinnerten sich an diesem Abend an ein besonderes Ereignis, das für Israel ganz wichtig ist: den Auszug aus Ägypten. Am letzten Abend in Ägypten feierte Israel auf Gottes Weisung ein besonderes Mahl: das Passamahl. Daran sollten sie auch nach dem Auszug immer denken, denn es war das Mahl zur Befreiung aus der Knechtschaft.

■ Aktion: Nachgestalten eines Passamahltisches mit den Gegenständen und Erklärung der Speisen (vgl. »Wie Jesus das Passamahl feierte«, S. 64); Hinweis: es wird kein Passamahl gefeiert, sondern das Passamahl als Grundlage für das Abendmahl vorgestellt und erklärt. Gut einsetzbar: Folie »Passamahl« von Werner Küstenmacher.

■ Lieder: »Daß du mich einstimmen läßt« (S. 196); »Kommt mit Gaben und Lobgesang« (EG 229); »Komm, sag es allen weiter« (EG 225), »Eingeladen zum Leben« (S. 178)

L

■ Material: Tesakrepp für Namensschilder; Kerzenständer, Hebräische Bibel, Tischdecke, Kelch, Brot, Trauben, Traubensaft, Kräuter, Braten; Scheren, Kleber, Tonpapier, blaues und grünes Kreppapier, Heißkleber/Kleber, braune Pfeifenputzer, Schablone für Trauben und Traubenblätter

■ Kreative Aktion mit Kindern: Wir basteln als Erinnerungszeichen an das Mahl Jesu mit seinen Jüngern Trauben, die wir an einem oder zwei Zweigen befestigen. Damit schmücken wir die Kirche für den Familiengottesdienst.
Gestaltung der Traubenzweige: aus blauem Tonpapier werden im Umriß von Trauben Vorlagen ausgeschnitten (je zwei pro Traube). Darauf werden auf einer Seite aus blauem Kreppapier Kügelchen als Beeren aufgeklebt. Sind jeweils zwei Trauben fertig, werden sie zusammengeklebt und mit den Pfeifenputzern an die Zweige gehängt. Aus grünem Tonpapier werden Traubenblätter ausgeschnitten und ebenfalls mit den Pfeifenputzern an die Zweige gehängt.

■ Abschluß: Lied, Gebet, Segen, Einladung für den zweiten Tag.

2. Tag: Vergebung, Gemeinschaft

■ Einstieg: Bei ihrer Ankunft müssen die Kinder durch ein »Zollamt«. Dort bekommen sie einen Ausweis. Erst mit diesem Ausweis kommen sie durch eine Schranke ins Gemeindehaus. Im Zollhaus sitzt Zachäus und verkauft die Ausweise.

■ Aktion: die Zachäusgeschichte wird gespielt, die Kinder dabei miteinbezogen (s. S. 89).

85

- Lieder: »Kommt mit Gaben und Lobgesang« (EG 229); »Zachäus böser, reicher Mann«

- Material: Zollstation, Stempel, Aufkleber als Ausweise = Namensschilder, Kasse, Schranke, Brausetaler; Bierdeckel, Vorlagen »Zachäus im Baum«, Scheren, Kleber, Buntstifte, Gummiringe

- Kreative Aktion mit den Kindern: Wir basteln das Drehbild mit Zachäus im Baum
Die Bilder Baum und Zachäus werden ausgeschnitten und auf die Bierdeckel geklebt (Achtung: aufpassen, daß richtig = seitenverkehrt aufgeklebt wird – Markierungsstriche). Löcher durchstoßen, je einen Gummiring durchziehen und festmachen. Dann die Gummiringe aufziehen. Beim Loslassen sieht man Zachäus, der im Baum sitzt.

- Abschluß: Lied, Gebet, Segen, Einladung für den dritten Tag

3. Tag: Die Gaben des neuen Lebens

- Meditationen zu den Gaben Brot und Saft, Tischdecke für den Abendmahlsaltar bedrucken, Brot backen, Traubensaft herstellen, Abendmahlsgeräte kennenlernen.

- Aktion: Nach der Begrüßung wird der Raum verdunkelt und Teelichter in der Mitte aufgestellt, so daß alle Kinder in einem Kreis sitzen können, evtl. mehrere Sitzgruppen gestalten. Mit den Kindern die Brot– und Traubenmeditation durchführen (vgl. Meditationen **M** »Brot und Wein, die Gaben des neuen Lebens«, S. 163).
Nach der Meditation lernen die Kinder die Abendmahlsgeräte und ihre Bedeutung/Zweck im Rahmen der Abendmahlsfeier kennen.

- Lieder: »Kommt, wir teilen das Brot« (S. 186); »Daß du mich einstimmen läßt« (S. 196) **L**

- Material: Getreidekörner, Trauben, Teelichter, meditative Musik, Abspielgerät; Abendmahlsgeräte; Getreide, Kaffeemühle/Getreidemühle, Zutaten fürs Brotbacken (Brotbackrezept, S. 80), Trauben, Kaltpresse/Sieb, Krüge; weiße Tischdecke, Kartoffeln, Schnitzmesser, Stoffarben; Osterkerze

- Kreative Aktionen: Mit den Kindern Brot backen, Saft pressen und die Altardecke gestalten für den Gottesdienst. Dies geht ganz gut, weil während des Brotbackens immer wieder Ruhezeiten des Teiges einzuplanen sind und dann die weiteren Aktionen durchgeführt werden können. Für die Aktionen sollten genügend Mitarbeitende/ Eltern anwesend sein, um kleine Gruppen bilden zu können.
Das Brot/die Brote und der Saft werden am darauffolgenden Tag im Gottesdienst als Abendmahlsgaben eingesetzt. Wenn auch kleine Brote gebacken werden, können diese mit nach Hause gegeben werden und damit die Einladung zum Familiengottesdienst mit Abendmahlsfeier erneuert werden.

- Abschluß: Lied, Gebet, Segen, Einladung zum Familiengottesdienst.

Familiengottesdienst

Den Gestaltungsvorschlag zum Familiengottesdienst »Alle sind eingeladen« finden Sie auf S. 124.

Eine ganz normale Familie bei einem ganz normalen Abendessen

Mutter: Essen ist fertig. Kommt ihr bitte!
(Kinder hören auf zu spielen, kommen angerannt, Vater stellt noch die Getränke auf den Tisch)
1. Kind: Was gibt es denn?
Mutter: Spinat, Kartoffel und Spiegeleier.
1. Kind: Igitt, Spinat. Ich mag keinen Spinat, das weißt du doch. Nie machst du das, was ich mag.
2. Kind: Jetzt hör auf zu motzen. Du nervst. An allem mußt Du rummeckern.
Vater: Ruhe jetzt. Immer dieses Gezanke. Ich will nach der Arbeit in Ruhe essen. Könnt ihr euch nicht mal ganz normal unterhalten, wie in jeder anderen Familie auch?
Mutter: Also erzählt doch mal, wie es in der Schule war.
2. Kind: Total doof. Wie immer halt. *(schimpft auf Lehrer und Streber)*
Vater: Wenn du dich etwas mehr anstrengen würdest, dann hättest du auch bessere Noten.
2. Kind: Eben nicht, weil ich nicht der Liebling bin.
Mutter: Ach komm, nun übertreib mal nicht. Du bräuchtest doch bloß deine Hausaufgaben sorgfältiger zu machen.
1. Kind: Aber die Lehrer sind wirklich so. Bei uns in der Klasse gibt es auch einen Liebling. Der kann machen was er will, der kriegt immer gute Noten.
Vater: Das meinst doch bloß du. Lernt euere Sachen, dann klappt's schon.
Mutter: Jetzt hört auf mit dem Gestreite. Laßt uns lieber mal überlegen, was wir am Wochenende machen könnten.
1. Kind: Wir könnten doch am Sonntag auf die Kirchweih gehen, da ist Familientag und alles billiger.
2. Kind: Gehn wir lieber ins Kino. Auf Kirchweih habe ich keine Lust. Immer dasselbe.
Vater: Wie wäre es mit einer kleinen Radltour?
1. Kind: Nee, deine »kleinen« Radtouren kennen wir. Das ist ja Streß hoch drei.
2. Kind: Könnten wir nicht ins Freibad gehen?
1. Kind: Klasse Idee!
Mutter: Gut, dann fahren wir ins Bad.
Vater: Seht ihr, wenn man will, kann man doch gut beim Essen miteinander reden.

Zachäus

1. Szene: Am Zoll

(Zollstation mit Schranke. Zachäus sitzt da und kassiert. Jedem, der durchgeht, drückt er einen Stempel auf die Hand. 4 Leute kommen mit Gepäck.)

Erzähler: Ihr seht hier die Zollstation von Zachäus. Keiner kann ihn leiden, weil er von allen eine Menge Geld dafür kassiert, daß sie durch den Zoll dürfen.

Zachäus: Halt – zahlt den Zoll. Vier Personen, viel Gepäck, macht 20 Denare.

1. Person: Soviel? 20 Denare. Das ist ja ein Vermögen.

2. Person: Soviel Geld habe ich nicht mehr. Ich kann dir nur drei Denare geben.

3. Person: Du Halsabschneider. Von armen Leute soviel Geld zu nehmen, nur weil sie in die Stadt zu ihren Verwandten gehen möchten.

4. Person: Du bist richtig fies.

Zachäus: Wenn ihr in die Stadt wollt, müßt ihr zahlen, so sagt es das Gesetz.

(Die Leute bezahlen, schimpfen über den Zoll und gehen weiter.)

2. Szene: Jesus kommt

(Zachäus sitzt am Zoll. Auf der anderen Seite stehen Leute, schauen/deuten in eine Richtung und flüstern sich etwas zu.)

Erzähler: Eines Tages spricht sich in der Stadt eine große Neuigkeit herum. Alle stecken die Köpfe zusammen und sind ganz aufgeregt.

1. Person: Habt ihr schon gehört? Jesus soll in unsere Stadt kommen. Den muß ich unbedingt sehen.

2. Person: Au ja, da muß ich auch hin. Das interessiert mich schon lange, wie Jesus aussieht.

Erzähler: Zachäus hört, was die Leute sagen. Er steht auf und stellt sich zu den Leuten.

Zachäus: Jesus kommt? Den will ich mir unbedingt anschauen.

(Er streckt sich, um etwas zu sehen. Aber weil er so klein ist, gelingt das nicht. Er steigt auf einen Baum [=Stuhl].)

3. Szene: Einladung zum Essen
(Zachäus sitzt auf dem Baum und sieht auf die Straße.)

Erzähler: Jesus kommt die Straße entlang. Die Leute drängeln, um ihn zu sehen. Da entdeckt Jesus Zachäus.

Jesus: Zachäus, komm zu mir.

Zachäus: Warum soll ich das tun?

Jesus: Weil ich heute in deinem Haus essen will.

Erzähler: Plötzlich wurde es ganz ruhig. Die Leute wunderten sich sehr über das, was Jesus gesagt hatte. Grimmig schauten sie zu Jesus, eifersüchtig auf Zachäus.

1. Person: Warum geht Jesus ausgerechnet zu dem zum Essen?

2. Person: Mit Zöllnern darf man doch nichts zu tun haben!

3. Person: Ich verstehe das nicht. Ausgerechnet bei einem Zöllner. Er könnte doch auch zu uns kommen,

Erzähler: Die Leute wunderten sich sehr. Viele ärgerten sich.

4. Szene: Jesus im Haus des Zachäus
(Jesus geht mit Zachäus zu dessen Haus. Die Leute bleiben am Rand stehen. Die Frau von Zachäus kommt.)

Erzähler: Jesus geht zum Haus des Zachäus. Zachäus freut sich sehr.

Zachäus: Frau, wir haben heute einen Gast zum Essen.

Frau: Was soll ich denn kochen. Ich habe nichts im Haus. Kannst du das nicht früher sagen?

Zachäus: Dann geh schnell und kauf ein.

Erzähler: Die Frau von Zachäus geht einkaufen. Die Leute schauen verwundert zu.

1. Person: Schaut nur. Mit unserem Geld macht sich der ein gutes Leben.

2. Person: Er soll es uns gefälligst zurückgeben.

Erzähler: Während die Frau beim Einkaufen ist, redet Jesus mit Zachäus.

Zachäus: Jesus, ich freue mich riesig, daß du mich besuchst. Sonst kommt ja kaum einer zu uns.

Jesus: Ja, Zachäus, ich weiß. Deshalb bin ich auch gekommen.

Zachäus: Ich glaube, ich habe vieles falsch gemacht.

Jesus: Das stimmt. Und deshalb mag dich auch keiner.

Zachäus: Jetzt, wo du da bist, merke ich wieder, wie schön es ist, wenn einen jemand besucht. Ich will wieder Freunde haben.

Jesus: Dann mußt du etwas dafür tun.

Zachäus: Allen Leute, die ich betrogen habe, werde ich ihr Geld zurückgeben. Sogar ein bißchen mehr, als ich genommen habe.

Erzähler: Das Essen ist fertig. Zachäus, seine Frau und Jesus essen.

Zachäus: Entschuldige Jesus. Aber ich muß jetzt unbedingt zu den Leuten rausgehen, ich will alles wieder gut machen.

(Zachäus geht zu den Leuten, reicht ihnen die Hand und gibt ihnen ihr Geld (=Brausetaler) zurück. Die Leute freuen sich und schütteln Zachäus die Hand.)

Die Arbeitsstelle für Kindergottesdienst, Kandelsgasse 4, 35083 Wetter, Tel.: 06423/32 99, Fax: 06423/78 29 bietet die viertägige Kinderbibelwoche an:

»Der Tisch ist gedeckt für das große Fest – Mit Kindern und Erwachsenen in der Gemeinde (Abendmahl) feiern«
– 1. Tag: Passa (Mose 12)
– 2. Tag: »Alle werden satt« (Johannes 6,1–15)
– 3. Tag: Das große Abendmahl (Lukas 14,16–24)
– 4. Tag: Jesus nahm das Brot, dankte und brach es und gab es ihnen (Johannes 21,1–17).

Ein Gemeinde-Fest-Tag mit Kindern und Erwachsenen, ein Abendmahlsgottesdienst mit Kindern und Erwachsenen und eine Seminarreihe mit Jugendlichen / Erwachsenen / Kirchenvorstand werden zusätzlich angeboten.

Das erste Ma(h)l
Ein Elternseminar

Eine bedeutende Rolle haben die Eltern und Paten, wenn Kinder das erste Mal zum Abendmahl eingeladen werden. Manche von ihnen setzen den Entscheidungsprozeß in der Gemeinde in Gang, weil ihnen wichtig ist, daß ihre Kinder am gesamten Gemeindeleben teilhaben können. Andere sind unentschlossen, hin- und hergerissen zwischen den Bindungen an kirchliche Traditionen und dem Wunsch, die Kinder mehr in die Gemeinde zu integrieren. Andere halten an dem fest, was sie selbst kennengelernt haben, obwohl es ihnen oftmals nicht das gegeben hat, was sie für sich erhofft hatten.

Kommt man mit Eltern und Paten ins Gespräch über das Thema, zeigt sich, daß großes Interesse daran besteht. Viele merken sehr schnell, daß sich hier eine Möglichkeit eröffnet, das gegebene Taufversprechen umzusetzen. Dazu wollen sie aber mehr Information und Anregungen. Dies kann bei einem Elternseminar (als Seminarreihe am Abend, an einem Nachmittag und Abend, bei einem Familienwochenende) geschehen.

Der folgende Entwurf läßt sich ohne Schwierigkeiten den genannten Möglichkeiten anpassen. Bei der Durchführung an einem Tag hat sich gezeigt, daß sich die Teilnehmenden so ins Gespräch eingebracht haben, daß die angesetzte Zeit nicht ausreichte. Die Einladung zum Elternseminar erfolgt in der bekannten Weise (Abkündigung, Gemeindebrief, Schaukasten, Presse), aber auch unbedingt durch persönliche Anschreiben.

Der Seminarraum wird vorbereitet mit der Sitzordnung in kleinen Tischrunden. Je nach Tageszeit wird ein kleiner Imbiß gereicht (Kaffee/Kuchen, Brötchen/Getränke). Ist die Seminardauer mit mehreren Stunden angesetzt, können die Teilnehmenden gebeten werden, ein Abendessen mitzubringen und damit ein kleines Büfett für alle zu arrangieren. Ist das Seminar am Nachmittag oder halbtags, muß eine Kinderbetreuung angeboten werden, damit tatsächlich alle kommen können, die kommen wollen.

- Begrüßung

- Lied »Brich mit den Hungrigen dein Brot« (EG 420)

- Vorstellungsrunde
  Es steht ein Korb mit verschiedenen Brotsorten, Brötchen etc. bereit. Jede Familie/Teilnehmende sucht sich ein Teil daraus aus und stellt sich vor. Nach der Vorstellung gehen die Kinder zur Kinderbetreuung.

- Themenhinführung:
  Kurze Darstellung, wie es dazu kam, das Thema aufzugreifen. Vorstellung des Seminars und seiner Ziele. Wie schaut die derzeitige Abendmahlspraxis in der Gemeinde aus? Eventuell aus der Sicht der Pfarrerin/des Pfarrers und aus der Sicht eines Kirchenvorstandes darstellen.

- Gesprächsrunde in Kleingruppen/Tischrunden:
  Das erste Ma(h)l? Meine/unsere Abendmahlserfahrungen. Wie geht es mir und meiner Familie mit dem Heiligen Abendmahl? Was erwarte ich vom Abendmahl?

- Austausch, Vorstellen der Ergebnisse (evtl. auf Plakatkartons)

- Lied »Kommt, wir pflanzen den Hoffnungsbaum« (S. 193)   **L**

- Kurze Essenspause

- Theologische Hintergründe/Aktuelle Informationen:
  - 1. Eine Bibelarbeit zu verschiedenen Geschichten um Essen und Trinken z.B. 5.Mose 16,1–12 (Passafest); Lukas 22,7–20 Abendmahl Jesu; Lukas 24,1–35 Emmausjünger; Lukas 14,16–24 Das große Gastmahl; Apostelgeschichte 2,42–47 Mahlgemeinschaft der ersten Gemeinde. Die Geschichten werden unter dem Raster Anlaß/Hintergrund und Veränderung der Situation/der Menschen gelesen und besprochen. Impulsfragen dazu erleichtern die Zugänge.
  - 2. Zu jeder Geschichte gibt es kurze Ergebnissicherungen, die allen vorgestellt werden und den Freiraum für weitere Gespräche in der gesamten Runde eröffnen.
  - 3. Das Abendmahl: biblisch, kirchengeschichtlich, dogmatisch, praktisch-theologisch. Kurze Darstellung per Referat oder aber

93

in der Form von Frage und Antwort (vorbereitet durch Kirchenvorstand und Pfarrer).

- Lied »Kommt mit Gaben und Lobgesang« (EG 229)

- Kinder beim Abendmahl
  - 1. Warum auch die Kinder? Argumente dafür – Bedenken dagegen (evtl. in Form einer Diskussion im Kirchenvorstand, vgl. »Abendmahl ist nichts für Kinder«, S. 23 und »Laßt die Kinder zu mir kommen und wehret ihnen nicht!«, S. 26).
  - 2. Die Teilnehmenden äußern ihre Wünsche und Vorstellungen. Auch für Skepsis muß Platz sein. Gestaltung: in der Diskussionsrunde einen freien Stuhl lassen, der von den Teilnehmenden eingenommen werden kann für die Zeit, in der sie ihren Beitrag einbringen. Darauf achten, daß der Stuhl auch wieder frei wird für andere.
  In der Diskussion die Argumente nochmals deutlich benennen:
  - Die Kirche tauft Kinder, auch ohne Glaubensunterricht. Als Getaufte haben sie das Recht, am Abendmahl teilzunehmen.
  - Kinder haben auf ihre Weise gute Zugänge zum Abendmahl. Sie empfinden sehr sensibel die Stimmungen, sie erleben die Atmosphäre und die Gemeinschaft, sie nehmen den gesamten Ritus wahr.
  - Kinder haben Anteil an dem Sakrament der Taufe und an der Wortverkündigung (Kindergottesdienst/Familiengottesdienst). Der Ausschluß vom Abendmahl ist biblisch nicht haltbar und widerspricht evangelischer Lehre.
  - Die Konfirmanden haben einen eingeschränkten Zugang zum Abendmahl (Pubertät, Autoritätenkrise). Die wenigen Male des Mitfeierns schaffen keine tragende Basis. Anknüpfen an Bekanntes und Vertrautes fehlt.
  - Kinder haben zu Symbolen ein anderes Verhältnis. Sie nehmen darin Wirklichkeit an. Das erleichtert den Zugang und sorgt für eine gute Aneignung.
  - Durch die Teilnahme von Kindern verändert sich das Feiern. Es wird fröhlicher, verständlicher. Auch für Erwachsene.
  - Stichwort Ökumene.

- ... weitere Gedanken und Argumente können eingebracht werden.

■ Ausblick in die Praxis:
  Wie soll es in unserer Gemeinde werden? Vorstellung eines Zeitplanes (vgl. »Eins nach dem andern«, S. 49), praktische Hinweise, Einladung zur Mitarbeit in der Vorbereitung der Kinder, Hinweis auf zu erwartende Kritik, Angebot der Gesprächsweiterführung.

■ Lied »Du hast uns Herr gerufen« (EG 168); »Nimm, o Herr, die Gaben« (S. 188)   **L**

■ Verabschiedung/Abschluß mit gemeinsamem Abendessen.

Abendmahl feiern mit Kindern
Ein Elternseminar

Der vorliegende Seminarentwurf geht davon aus, daß in einer Gemeinde über die Zulassung von Kindern zum Abendmahl diskutiert wird bzw. die Gemeindeleitung bereits beschlossen hat, daß Kinder zukünftig zugelassen werden. In dieser Situation ist es wichtig, mit betroffenen Eltern ins Gespräch zu kommen und sie auf die Teilnehme ihrer Kinder am Abendmahl vorzubereiten (vgl. »Sie, die Eltern, sind ganz wichtig«, S. 203). Dabei soll es nicht um eine Einführung in das Verständnis des Abendmahls im allgemeinen gehen; vielmehr wird im gesamten Verlauf des Seminars die Teilnahme der Kinder ins Zentrum gerückt.

Der Entwurf geht von etwa 15 Teilnehmenden aus. Ziel ist es, die Bedeutung der Teilnahme von Kindern am Abendmahl zu vermitteln, auch kritische Anfragen zu Wort kommen zu lassen und Verständigung zu suchen. Der letzte Abend ist so angelegt, daß konkrete Verabredungen über die Vorbereitung und Planung einer Abendmahlsfeier mit Kindern getroffen werden können.

Die angebotene Methode sieht bewußt kein »Medienfeuerwerk« vor, sondern möchte dem Gespräch der Eltern untereinander möglichst weiten Raum geben. Das schließt nicht aus, daß je nach örtlicher Situation andere (kreative) Methoden (und Bausteine) sinnvoller sein können. Ebenso der Einsatz von audiovisuellen Medien. Sehr empfohlen wird eine reichhaltige Liedauswahl (vgl. S. 175 ff).

Für die gesamte Seminarreihe ist auf ein einladendes Ambiente zu achten.

1. Abend

■ Thema: Feste mit Kindern – Abendmahl feiern mit Kindern. Eine Annäherung

■ Ziele: Die Freude, mit Kindern Feste zu feiern, in Erinnerung rufen

- Den Bezug zum Seminarthema herstellen

- Material: Stifte, Zettel in Postkartenformat, Plakatkartons, Tesakrepp/Tesa, Getränke (und eventuell Kleingebäck)

- Ablauf
1. Begrüßung, Einführung in die Struktur und den geplanten Aufbau des Seminars
    - Informationen durch den/die Leiter/Leiterin.

2. Wir machen uns bekannt
    - An welche Feste in meiner Kindheit erinnere ich mich? Wie war das? Und was fühle ich noch heute, wenn ich daran zurückdenke?
    - Austausch untereinander in Kleingruppen zu 4 Personen. Anschließend Austausch im Plenum.

3. Von der Freude, ein Fest zu feiern
    - Wie ist das, wenn ich heute mit meinem Kind/meinen Kindern feiere? Was gehört unbedingt dazu? Unterscheidet sich die Gestaltung im Gegensatz zu früher? In welchen Punkten?
    - Gespräch im Plenum, anschließend eine kurze Pause vorsehen.

4. Abendmahl feiern mit Kindern
    - Was fällt mir dazu ein? Welche Fragen und Anmerkungen habe ich dazu?
    - Die Teilnehmenden notieren auf Karten ihre Fragen und Anmerkungen.
    - Die Karten werden geordnet und an die Wand geheftet. In Kleingruppen werden die Fragen besprochen und die Ergebnisse (als Thesen) auf Plakatkartons festgehalten.
    - Die Plakatkartons werden ebenfalls an die Wand geheftet und die Ergebnisse (Thesen) gemeinsam besprochen.

5. Zum Abschluß nochmaliger Kurzaufriß über den Abend und seine Ergebnisse. Einladung zum nächsten Abend, weitere Absprachen zur Gestaltung.

2. Abend

■ Thema: Meine Geschichte mit dem Abendmahl

■ Ziele: Die eigene Geschichte mit dem Abendmahl entdecken und den persönlichen Bezug zum Abendmahl klären.
Anhand einer biblischen Geschichte entdecken: Die Kinder gehören dazu.

■ Material: Papier, Stifte, Wandzeitung, Textblätter, Getränke (eventuell Kleingebäck)

■ Ablauf
1. Begrüßung, Anbindung an den 1. Abend, noch ausstehende oder neue Fragen dazu klären

2. Meine Geschichte mit dem Abendmahl
– Ich erinnere mich und erzähle davon: Wie war das bei meinem ersten Abendmahl? An welche Gefühle kann ich mich erinnern?
– Die Teilnehmenden beantworten in Einzelarbeit diese Fragen und notieren, was ihnen einfällt.
– Darüber gibt es eine Austauschrunde mit allen (oder aber in Kleingruppen).

3. Wie stehe ich heute zum Abendmahl
– Was bedeutet mir das Abendmahl heute? Was ist mir daran besonders wichtig?
– Gedankenaustausch in Gesprächen zu zweit. Die Ergebnisse werden auf einer Wandzeitung von der Leiterin / dem Leiter festgehalten.

4. Ergeben sich daraus Konsequenzen für die Teilnahme von Kindern am Abendmahl?
– Ergebnisauswertung durch Leiterin / Leiter, Vorankündigung zur biblischen Geschichte, kurze Pause.

5. Jesus und die Kinder (Markus 10,13–16). Eine biblische Geschichte »erleben«.

- Den Text Markus 10,13–16 vorlesen
- Die Teilnehmenden bilden drei Gruppen: Jünger, Frauen, Kinder (die Gruppen sollten etwa gleich groß sein).
- Die drei Gruppen führen ein Gespräch über die erlebte Szene. Dieses Gespräch wird in Kleingruppen kurz vorbereitet. Für das Gespräch ist die Sitzordnung so zu wählen, daß sich die drei Gruppen deutlich gegenüber sitzen. Der Wechsel von einer Gruppe zur anderen ist während des Gesprächs möglich, damit weitere Einstellungen eingebracht werden können.

6. Die Teilnehmenden tauschen sich über ihre Erfahrungen und Gefühle während des Rollenspiels aus. Abschließender Impuls der Leiterin/des Leiters: Wie bringen wir die Kinder ins »Spiel« beim Abendmahl?

3. Abend

■ Thema: Abendmahl feiern mit Kindern

■ Ziele: Die Teilnehmenden sollen informiert werden über die Möglichkeiten der Teilnahme von Kindern am Abendmahl.

■ Die Teilnehmenden sollen über die Durchführung eines Abendmahlsgottesdienstes mit Kindern beraten und Absprachen für erste Schritte vornehmen.

■ Material: Thesenplakat, Themenplakate des 1. Abend, Plakate, Stifte, Tesakrepp/Tesa, Getränke (eventuell Kleingebäck)

■ Ablauf
1. Begrüßung, Anbindung an die beiden vorherigen Abende, Klärung noch offener Fragen/neuer Fragen

2. Abendmahl feiern mit Kindern: Informationen
- Das Abendmahl als Gemeinschaftsmahl der Gemeinde.
- Die Bedeutung von Taufe – Abendmahl – Konfirmation. Eine (neue) Verhältnisbestimmung (vgl. S. 34).

- Warum Kinder vom Abendmahl ausgeschlossen wurden.
- Warum Kinder zum Abendmahl eingeladen werden sollten: biblisch-theologische, pädagogische und psychologische Gründe.
- Die Abendmahlspraxis anderer Kirchen (römisch-katholisch, orthodox)
- Grundlagen und Praxis für die Zulassung in unserer Kirche/ Landeskirche.
- Austausch über die Informationen, Klärung und Beantwortung von Fragen und Anmerkungen. Festhalten der Ergebnisse auf Plakatkarton. Eine Pause schließt sich an.

3. Abendmahl feiern mit Kindern: Welche Vorstellungen habe ich? Was ist konkret zu tun?
- Vorstellungen und Ideen werden gesammelt und aufgeschrieben.
- Austausch darüber in Kleingruppen und anschließend im Plenum.
- Planung der ersten Schritte z. B. Vorbereitung der Kinder und/ oder eines Abendmahlsgottesdienstes.

Die Gemeinschaft, die bei den Abenden gewachsen ist, kann mit einem gemeinsamen Essen vertieft werden.

Weitere Themenreihen zur Vorbereitung

Du bereitest mir einen Tisch (Symbol Tisch)

■ 1. Am Tisch (Lukas 5,27–32)

■ 2. Jesus erzählt eine Tischgeschichte (Lukas 15,14–24)

■ 3. Jesus bereitet einen Tisch für alle (Lukas 22,7–23)

■ 4. Komm, Herr Jesus, sei unser Gast (Lukas 24,13–35)

Diese Themenreihe wird im Text-Themen-Plan für den Kindergottesdienst 1989–1992, hg. vom Gesamtverband für Kindergottesdienst in der EKD vorgeschlagen. Ausarbeitungen und weitere Anregungen zur Gestaltung finden sich in den Mitarbeiterzeitschriften »Evangelische Kinderkirche« oder »Der Kindergottesdienst«.

Unser tägliches Brot gib uns heute (Symbol Brot)

■ 1. Brot stärkt und erhält Leben (2. Mose 16 i. A.)

■ 2. Brot sättigt die Hungernden (Matthäus 14,13–21)

■ 3. Brot können wir teilen (Matthäus 25,31–40)

■ 4. Jesus, das Brot des Lebens (Johannes 6,22–35)

Diese Themenreihe findet sich im Text-Themen-Plan 1989–1992 und mit neuen Impulsen im Plan 1995–1997. Weitere Anregungen bieten die Mitarbeiterzeitschriften (s.o.).

Erstabendmahl für Kinder

- 1. Noah: Alter Bund (1. Mose 8,15–22)

- 2. Zachäus: Vergebung (Lukas 19,1–10)

- 3. Speisung der Fünftausend: Gemeinschaft (Matthäus 14,13–21)

- 4. Das große Gastmahl: Hoffnung (Lukas 14,16–26)

- 5. Erinnerung und neuer Bund (Matthäus 26,20–30)

M - 6. Vom Korn zum Brot: Wandlung (vgl. Brotmeditation »Was unser Herz stärkt«, S. 158)

Diese Themenreihe findet sich im Materialheft Nr. 61 der Beratungsstelle für Gestaltung von Gottesdiensten S. 83 ff.

Unser tägliches Brot gib uns heute
Miteinander teilen schafft neue Gemeinschaft

- Ansingen der Lieder / Einläuten

- Begrüßung / Eingangsvotum

- Lied: »Kinder, welche Freude, Jesus lädt uns ein« (S. 182)　　**L**

- Psalmgebet: Lob des Schöpfers (nach Psalm 104)

Guter Gott, wie bist du so groß!
Die ganze Welt hast du geschaffen.
Wie ein Zeltdach hast du den Himmel ausgespannt,
darunter die Erde, festgegründet im Wasser der Meere.
Preisen laßt uns Gott, den Herrn.
Preisen laßt uns Gott, den Herrn.
Preisen laßt uns Gott. Amen
(gesungener Lobpreis)
Du läßt das Gras wachsen für die Tiere.
Pflanzen, die der Mensch anbaut, läßt du gedeihen,
damit die Erde ihm Nahrung gibt.
So bringst du das Brot aus der Erde hervor,
daß es des Menschen Herz stärke;
und den Wein, daß er sein Herz erfreue.
Preisen laßt uns Gott, den Herrn ...
Gott, wie sind deine Werke so groß und so viel!
Du hast sie alle weise geordnet.
Deine Welt ist voller Wunder.
Gott, dich wollen wir loben.
Alles, was du geschaffen hast,
soll dir Freude machen.
Preisen laßt uns Gott, den Herrn ...

■ Es kann eine Lesung z. B. eine der Speisungsgeschichten folgen mit dem Glaubensbekenntnis der Gemeinde als Antwort. Die Geschichte »Jans Brothaus« wird als Verkündigung erzählt.

Jans Brothaus

Etwa fünfzig Menschen, alte und junge, vom kleinen vierjährigen Jan bis zur siebzigjährigen Großmutter Anna, waren bei einem Familienwochenende zusammen. Am Samstag zogen sie los, um Gottes Schöpfung zu entdecken. Ihr Ziel war ein kleines Dorf. Dort gingen sie in drei Gruppen auseinander.

Die erste Gruppe zog zum Hof des alten Bauern Schulte. Sie sahen zu, wie die Kühe gemolken wurden, sie halfen beim Füttern der Tiere und die Kinder hatten viel Freude und Spaß mit den Kätzchen und den Lämmchen. Viele hatten das noch nie erlebt. Milch kannten sie nur in den Tüten oder Flaschen aus dem Supermarkt. Und dann durften sie sogar noch helfen, aus der abgeschöpften Sahne Butter zu schlagen. Das war eine harte Arbeit mit dem alten Butterfaß, machte aber viel Spaß. Sie waren sich alle einig: Das wollen wir den anderen zeigen und ihnen von unserem Tag erzählen.

Die zweite Gruppe war mit dem Förster in den Wald gezogen. Da gab es viele Dinge zu entdecken: Ameisenhaufen und Fuchsbauten, winzig kleine Buchen- und Eichensetzlinge, aus denen später einmal die großen Bäume wachsen. Viele schöne Dinge brachten sie mit, um sie den anderen zu zeigen: Blätter, wunderbar geformte Wurzeln, Moosnester, kleine Setzlinge von Fichten und Eichen und noch vieles mehr. Und auch sie hatten viel zu erzählen.

Die dritte Gruppe war mit dem Bäcker verabredet. Er hatte für alle einen Teig vorbereitet. Über Nacht war der Brotteig schön aufgegangen. Nun durften alle ein Stück davon kneten und ein Brot formen. Schöne Brote entstanden. Das Feuer im Holzofen vor der Backstube war schon angezündet, bald würde die Glut richtig sein. Der Bäcker wischte die Glut zur Seite und schob dann mit dem großen Schieber die Brote in den Ofen.

In der Zwischenzeit zeigte er ihnen die verschiedenen Getreidesorten, die er in großen Säcken lagerte: Weizen, Roggen, Hafer, Gerste. Sie schauten zu, wie die Körner gemahlen wurden, wie das Mehl mit Wasser, Salz, Hefe und Sauerteig zu Brotteig gemischt wurde.

Doch dann ging es wieder zum Backhaus. Sie konnten es kaum erwarten, bis der Bäcker die dampfenden, braungebrannten Brote aus dem Ofen holte. Sie dufteten so gut, daß manche große Lust bekamen, gleich ein Stück zu essen. Aber dann packten sie ihre Brote doch lieber ein. Aber sie waren sich einig: das mußten sie den anderen erzählen.

Mittlerweile war es schon Abend geworden. Die Gruppen trafen sich und gingen gemeinsam zurück zum Freizeitenheim. Alle waren müde, einige Kinder mußten getragen werden.

Sie kamen an einer kleinen Lichtung vorbei. Da hatte die Gruppe, die auf dem Bauernhof war, die Idee:»Laßt uns doch hier Rast machen und Abendbrot essen. Laßt uns hier auf dem schönen Platz den Tag gemeinsam beschließen.«

Alle stimmten zu. Sie setzten sich ins Gras. Die Gruppe, die auf dem Bauernhof war, holte die Butterballen und die Milchkannen voller frischer guter Milch, die der Bauer ihnen mitgegeben hatte, heraus. Sie stellten alles auf einen Baumstumpf.

Erwartungsvoll sahen sie die an, die beim Bäcker das Brot gebacken hatten. Ein Festmahl draußen in Gottes Schöpfung, so wollten sie diesen schönen Tag beschließen.

Doch die Brotbäcker schauten gar nicht mehr fröhlich.»Das Brot ist doch noch viel zu frisch, um es zu essen.«»Die paar Brote sind doch zuwenig!« Viele der Erwachsenen wollten ihr Brot mit nach Hause nehmen, um es dort zu zeigen oder es aufzubewahren als Erinnerung.»Ich möchte mein Brot nicht anschneiden«, sagte ein Vater.»Ihr müßt das verstehen. Es ist das erste Brot, das ich selber gebacken habe.«»Und es war so nicht abgesprochen«, sagte ein anderer.»Laßt uns ins Freizeitenheim gehen und dort essen. Da ist doch Brot für alle.«

Die Stimmung in der Gruppe wurde feindselig. Unbemerkt ging der kleine Jan zu seinem Rucksack. Auch er hatte ein Brot gebacken, natürlich mit Hilfe seiner Geschwister, aber es war sein Brot. Er hatte ein Haus geformt aus dem Teig. Die Fenster waren etwas schief, die Türe zu klein und der Schornstein viel zu groß. Aber es war sein Brothaus geworden. Dann hatte er geschafft, was er tun wollte. Er zog sein Brothaus aus dem Rucksack, hielt es über seinen Kopf und sagte:»Ich gebe mein Brothaus.« Dann legte er es zu der Butter und der Milch auf den Baumstumpf.

Betretenes Schweigen herrschte auf einmal. Dann sagte eine Frau: »Nein, dein schönes Brothaus soll nicht zerschnitten werden. Ich hole mein, nein unser Brot! Wartet.«

Und auf einmal öffneten sich die Taschen und in die Gruppe kehrte die

Fröhlichkeit zurück. Es zeigte sich, daß viel zu viel Brot da war. Alle konnten essen, soviel sie wollten. Mit der frischen Milch und Butter schmeckte es allen sehr. Es blieb noch genug übrig für den Gottesdienst am nächsten Tag, dem Erntedankfest.

Die Abenddämmerung zog herauf, aber keiner wollte aufbrechen. Die Gemeinschaft tat ihnen gut. Ein Geschenk Gottes zum Abschluß dieses Tages, so dachten viele von ihnen.

»Wenn Jan uns nicht mit seinem Brothaus geholfen hätte«, sagte eine Mutter nachdenklich. Ja, Jan hatte sie an eine alte Geschichte erinnert und sie wieder lebendig werden lassen.

Vor vielen Jahren ist Gott zu den Menschen gekommen, als kleines Kind. Dieses Kind wurde in der Stadt Bethlehem, das heißt Brothaus, geboren.

Später, als dieser kleine Junge erwachsen war, hatte er die Kraft, die Taschen und Herzen der Menschen zu öffnen. Und alle wurden satt.

Und er sagte den Menschen: »Ich bin das Brot des Lebens. Wer zu mir kommt, den wird nicht hungern. Und wer an mich glaubt, den wird es nicht mehr dürsten.«

Gut, daß Jan sein Brothaus teilen wollte.

L

- Lied »Danke für das Brot« (S. 189); »Kommt, wir teilen das Brot« (S. 186)

- Gabenbereitung mit den Brotelementen
  Je zwei Kinder kommen dabei nach vorne. Ein Kind stellt sein Brotelement auf den Altar, das andere liest den Text dazu. Danach wird der Bibelvers gelesen.
  Unser tägliches Brot gib uns heute, so bitten wir im Vaterunser. Wir wissen, daß es ein langer Weg ist vom Korn zum Brot. Wir staunen, wieviel nötig ist, damit ein Brot entsteht. Alles, was dazu nötig ist, bringen wir nun zum Altar.

Das Korn
Ich bringe das Getreide. Viele einzelne Körner, vom Bauer in die Erde gesät; unter Sonne und Regen gewachsen und gereift. Vom Bauer geerntet.
Christus spricht: »Wenn das Weizenkorn nicht in die Erde fällt und stirbt, bleibt es allein. Wenn es aber stirbt, bringt es viel Frucht.« (Johannes 12,24)

Das Wasser
Ich bringe das Wasser für das Brot. Ohne Wasser gibt es kein Leben. Wasser verbindet die gemahlenen Körner zu einem Teig.
Christus spricht: »Wer an mich glaubt, wie die Schrift sagt, von dem werden Ströme lebendigen Wassers fließen.« (Johannes 7,38)

Das Salz
Ich bringe das Salz für das Brot. Nur ein wenig wird gebraucht, aber ohne Salz ist es fade. Salz gibt dem Brot die Würze.
Christus spricht: »Ihr seid das Salz der Erde.« (Matthäus 5,13)

Der Sauerteig
Ich bringe den Sauerteig. Darin steckt die Kraft der Verwandlung, die von außen dazukommt. In der Stille und Ruhe entfaltet sich die Stärke des Getreides.
Christus spricht: »Das Himmelreich gleicht einem Sauerteig, den eine Frau nahm und unter einen halben Zentner Mehl mischte, bis es ganz durchsäuert war.« (Matthäus 13,33)

Das Feuer
Ich bringe das Feuer. Ohne das Feuer und die Glut im Ofen gibt es kein Brot. Das Feuer im Ofen ist heiß, aber es verbrennt den Teig nicht. Er erfährt seine letzte Verwandlung. Er wird Brot.
Vom Korn zum Brot, ein langer Weg.
Christus spricht: Ich bin das Licht der Welt. Wer mir nachfolgt, wird nicht in der Finsternis wandeln, sondern wird das Licht des Lebens haben.« (Johannes 8,12)

Brot und Traubensaft
Ich bringe das Brot. Brot brauchen wir zum Leben. Brot können wir teilen, dann kann es seine Kraft entfalten. Das Brot ist Zeichen für Jesus Christus.
Und ich bringe einen Krug mit Saft. Essen und Trinken gehören zusammen. Beides brauchen wir.
Als Stärkung für unser Leben und unseren Glauben feiern wir das Abendmahl. In den Gaben Brot und Saft feiern wir Gottes Gegenwart, stärken uns und unsere Gemeinschaft.

Gebet zum Abendmahl
Heute kommen wir zu dir, Jesus Christus, Brot des Lebens, und sind Gäste an deinem Tisch.
Du bist da, wenn wir das Brot essen, du bist da, wenn wir aus dem Kelch trinken.
Stille unseren Hunger und Durst nach Leben.
In deiner Gegenwart feiern wir das Leben:
Hoffnungsbrot gegen die Angst,
Friedensbrot gegen allen Streit,
Vertrauensbrot gegen die Zweifel,
Stärkungsbrot gegen die Mutlosigkeit,
Versöhnungsbrot für unsere Gemeinschaft.
Das alles schenkst du uns.
Dafür danken wir dir. Amen

L

- Lied: »Jesus lädt uns ein« (S. 179 oder S. 180)

- Einsetzungsworte

- Vaterunser

- Austeilung (dazu meditative Musik oder Singen)

- Dankgebet
  Gott, unser Vater, wir danken dir. Du hast uns deine Welt geschenkt und willst sie auch bewahren. Durch Sommer und Winter, Saat und Ernte, Frost und Hitze erhältst du unser Leben.
  Du schenkst uns das tägliche Brot.
  Wir danken dir, Jesus Christus, Brot des Lebens, daß wir uns satt essen können. Amen

- Fürbittgebet
  Wir bitten dich, daß alle hungernden Menschen auch ihr tägliches Brot bekommen.
  Brot und Wein, Frucht der Erde und menschlicher Arbeit hast du zu Zeichen der Liebe Gottes gemacht.
  Wir bitten dich, daß wir aufmerksam werden auf alle Menschen, denen ein Leben in Würde verwehrt wird.

Hilf uns, deine Gerechtigkeit in die Welt zu tragen, damit deutlich wird: du bist das Brot des Lebens für die Welt.

Wir danken dir, guter Gott, daß wir unsere Gaben und Kräfte einsetzen können, wenn sie gebraucht werden. Schenke uns die Erkenntnis zu sehen, wo und wann wir gebraucht werden.

Wir bitten dich, segne unsere Gemeinde. Sei mit allen Kindern und Erwachsenen. Schenke uns allen Zufriedenheit und Güte. Amen

■ Lied: »Bewahre uns, Gott« (S. 195)   **L**

■ Segen

Kinder feiern Abendmahl   Bild: Karola Schürrle

Jesus gibt fünftausend Menschen zu essen
Erlebnisgottesdienst für jung und alt
mit Abendmahl zu Johannes 6,1–15

- **Begrüßung**
  Wir beginnen unseren Gottesdienst im Namen Gottes des Vaters, des Sohnes Jesus Christus und des Heiligen Geistes. In diesem Gottesdienst wollen wir gemeinsam Neues erleben und feiern.
  Feiern ist ein gutes Geschenk Gottes. Ein Geschenk Gottes an uns ist auch das Abendmahl, das wir miteinander zur Erinnerung und zur gegenseitigen Ermutigung feiern.
  Danket dem Herrn, denn er ist freundlich, und seine Güte währet ewiglich.

L
- Lied »Wir feiern heut ein Fest« (S. 175)

G
- Gebet (z. B. S. 167)

L
- Lied »Auch wir sind eingeladen« (S. 176)

- **Gruppenaufgabe**
  In kleine Gruppen wird ein DIN-A2-Plakat und Stifte ausgegeben. Auf den Plakaten stehen die drei Worte »Brot – Traubensaft – Abendmahl«. Jede Gruppe trägt zusammen, was ihr zu diesen Begriffen einfällt.
  Anschließend Zusammentragen und Vorstellen der Ergebnisse

L
- Lied »Jesus schenkt Brot zu dem Fest« (S. 194)

- **Verkündigung**
  – Die Geschichte Johannes 6,1–5 wird erzählt und als Handtheater gespielt.
  – Requisiten: Leintuch, das von zwei Personen gehalten wird oder Tische, hinter denen die Handtheaterspielgruppe knien kann.
  – Mitspieler: Erzähler, fünf Personen mit unterschiedlich farbigen

Handschuhen oder bemalten Händen. Über dem Leintuch oder den Tischen dürfen nur die Hände zu sehen sein.
– Handfiguren: Jesus (weiß), Jünger (schwarz), Junge (blau), Menschenmenge (ohne Farbe).

Jesus war auf dem See Genezareth mit einem Boot unterwegs. Zwei Jünger ruderten. *(Jüngerhände machen Ruderbewegungen)*
Am Ufer angekommen, stieg Jesus mit seinen Jüngern auf einen Berg. *(Gebeugte Hände machen Gehbewegungen)*
Viele Menschen folgten ihnen, Kinder und Erwachsene. Sie wollten von ihm Geschichten hören, sie wollten mit ihm zusammensein. *(Gebeugte Hände folgen nach)*
Als Jesus die Menschen sah *(Hand wendet sich um)*, fragte er einen seiner Jünger: »Sag Philippus, wo können wir Brot kaufen für die vielen Menschen. Sie haben sicher Hunger, und wir wollen ihnen zu essen geben.«
»Jesus, das ist unmöglich. Wir haben nicht soviel Geld. Und ohne Geld können wir nichts kaufen.« *(Hilflose Hand)*
Da kam Andreas, ein anderer Jünger von Jesus. *(Gehende Hand)*
»Hier ist ein kleiner Junge. Der hat etwas zum Essen dabei.« *(Zeigende Hand)*
Der kleine Junge kam herbei. *(Gehende Hand)*
»Ich habe von meiner Mutter zwei Fische und fünf kleine Brote mitbekommen. Die kann ich gerne mit jemandem teilen.« *(Zahlenzeigende Hand)*
»Das bißchen hilft uns auch nicht weiter«, murmelte Andreas. »Davon wird niemand satt. Was sollen wir bloß machen?« *(Hilflose Hand)*
Jesus legte seinen Arm um den Jungen: »Teilen ist etwas Wunderbares. Danke, daß du dazu bereit bist.« *(Hand umfaßt die Hand des Jungen)*
Jesus sagte zu den Jüngern: »Sagt den Menschen, sie sollen sich in kleinen Gruppen zusammensetzen.« *(Zeigende Hand)*
Die Jünger machten das. In der Zwischenzeit hatte Jesus die zwei Fische und fünf Brote des Jungen in die Hand genommen. *(Greifende Hand)*
Er betete zu Gott: »Danke Vater, für die Fische und Brote. Danke, daß der Junge bereit ist, mit allen anderen zu teilen. Laß allen klar

werden: Wer teilt, hat mehr vom Leben. Deine Liebe gilt allen Menschen. Laß uns jetzt als ein Zeichen des Zusammengehörens miteinander feiern. Alle sind eingeladen und sollen satt werden.«
(Betende Hände)
Dann gingen Jesus und die Jünger von Gruppe zu Gruppe und gaben allen zu essen. Alle bekamen soviel sie wollten. Es reichte für alle. *(Austeilende Hände)*
Nach dem Essen ließ Jesus durch die Jünger alles, was übriggeblieben war, in Körbe sammeln. Die Jünger staunten, als zwölf Körbe voll wurden. *(Sammelnde Hände)*
Den Jüngern und den Menschen blieb dieses Erlebnis fest in Erinnerung. Lange noch erzählten sie davon, daß Jesus mit zwei Fischen und fünf Broten 5000 Menschen satt gemacht hatte und dann noch viel übrig geblieben war.
Jesus hatte die Menschen eingeladen, alle waren seine Gäste. Alle spürten, wie sehr Gott sie liebt, jede und jeden Einzelnen von ihnen. *(Hände fassen sich alle zu einer Kette, links und rechts von Jesus, an)*

L ■ Lied »Eßt miteinander« (S. 185)

■ Einladung zum Abendmahl
Wir feiern Abendmahl im Namen Gottes. Wir teilen Brot und Traubensaft miteinander, so wie Jesus auch geteilt hat. Wir sind von ihm zum Abendmahl eingeladen.
Das Abendmahl feierte Jesus mit seinen Jüngern am Abend vor seinem Tod. Jesus wußte, daß er sterben würde. Drei Tage nach seinem Tod ist er wieder auferstanden, weil Gott das so wollte, um uns ein Zeichen zu geben: Meine Liebe zu euch ist stärker als der Tod. Ich will, daß ihr lebt.
Das Abendmahl feiern wir in Erinnerung an das, was Jesus für uns getan hat. Wir vertrauen darauf, daß uns das Brot und der Traubensaft stärken. Wir vertrauen auf die Liebe Gottes, in der er uns unsere Fehler vergibt. Er möchte, daß wir mit den anderen Menschen zusammen leben, so, wie Jesus das vorgelebt hat.

Einsetzungsworte und Austeilung
(Alle bekommen ein Stück Brot auf die ausgestreckte Hand gelegt.)

Ein Stück Brot liegt in unserer Hand. Es ist frisch, knusprig und riecht gut. Brot ist ein Nahrungsmittel, das wir brauchen wie kein anderes und an dem wir uns mit Augen, Mund und Händen freuen dürfen. Wir streichen einmal ganz behutsam mit den Fingern über das Brot, fühlen die Rinde, spüren die Weichheit des gebackenen Teiges.

Jesus sagt zu seinen Jüngern: »Ich bin das Brot, das Leben gibt. Wer zu mir kommt, den wird kein Hunger mehr plagen. Wer von diesem Brot ißt, der gehört zu mir und ich bin bei ihm.«

Deshalb essen wir jetzt das Brot, erinnern uns dabei an Jesu Worte und vertrauen darauf, daß er bei jedem von uns ist.

(Gemeinsam wird das Brot gegessen)

Der Traubensaft, der auf unserem Abendmahlstisch steht, erinnert uns daran, daß Jesus am Kreuz gestorben ist und uns mit seinem Sterben von unserer Schuld befreit hat. Dafür sagen wir danke, wenn wir aus dem Kelch trinken. Deshalb ist das Abendmahl auch ein Freudenfest, zu dem alle eingeladen sind. Gott schenkt uns neues Leben. Als Zeichen dafür, daß wir zusammengehören, als Zeichen, daß wir alle zu Gott gehören, trinken wir nacheinander aus diesem Kelch.

Jesus sagte zu seinen Jüngern: »Trinkt alle daraus. Dieser Saft sieht aus wie mein Blut, das ich am Kreuz vergossen habe. Es ist das Zeichen für neues Leben. Ich will, daß ihr als versöhnte Menschen fröhlich leben könnt.«

Deshalb trinken wir jetzt den Traubensaft, erinnern uns dabei an Jesu Worte und vertrauen darauf, daß er bei uns ist.

(Der Kelch wird ausgegeben)

(Schön ist es, sich anschließend als Zeichen für die versöhnte Gemeinschaft die Hand zu geben oder sich ein anderes Zeichen der Versöhnung und des Friedens [z. B. Umarmung] zu geben.)

■ Lied »Jesus Brot, Jesus Wein« (S. 191)   **L**

■ Dankgebet
Jesus Christus, in deinem Namen haben wir den Gottesdienst begonnen. Wir haben eine Geschichte gehört, fröhliche Lieder gesungen und miteinander Abendmahl gefeiert. Danke, daß du bei uns bist und uns durch Brot und Traubensaft gestärkt hast.

Du hast uns gezeigt, daß es gut ist, miteinander zu teilen. Deshalb laß uns das, was wir haben, mit denen teilen, die weniger oder zuwenig zum Leben haben. Laß uns die Menschen nicht vergessen, denen es nicht so gut geht wie uns.

(Weitere Fürbitten können eingebracht werden)

Wir alle gehören zu dir. Wir vertrauen darauf, daß du auch weiterhin bei uns bist und uns begleitest. Halte uns an deiner Hand, damit alles gut wird.

Was uns sonst noch alles bewegt in unseren Gedanken und Gefühlen, Herr, wollen wir Dir sagen mit dem Gebet, das du uns zum Beten gegeben hast:

Vater unser im Himmel...

L

■ Lied/Segenslied »Guter Gott, danke schön« (S. 191); »Bewahre uns, Gott« (S. 195)

■ Segen

Gott begleite und beschütze uns auf allen unseren Wegen. Er gebe uns Kraft für alles, was auf uns zukommt. Es sei bei uns der dreieinige Gott, Gott Vater, Sohn und Heiliger Geist. Amen

Wo zwei oder drei in meinem Namen versammelt sind
Gottesdienst für alle mit Feier des Abendmahls

- Eingangsvotum: Jesus Christus spricht: »Wo zwei oder drei in meinem Namen versammelt sind, da bin ich mitten unter ihnen.«

- Begrüßung

- Eingangslied »Wieder kommen wir zusammen« (S. 177) **L**

- Wir wenden uns Gott zu, sagen ihm, was uns bedrückt und leid tut und bitten um sein Erbarmen:
  Gott, unser Vater im Himmel, wir sind zusammengekommen, um Gottesdienst zu feiern. Wir preisen Dich mit unseren Liedern, wir beten zu Dir und hören Dein Wort.
  Wir sind gekommen und bringen all das aus der Woche mit, was uns bedrückt und leid tut, alles, was nicht gut war. Das alles legen wir vor Dich hin und sprechen gemeinsam: Vergib uns unsere Schuld.
  Alle: Vergib uns unsere Schuld.

- Lied »Kyrie eleison«(EG 178.9 oder 178.11)

- Gott ist gnädig und barmherzig, er hat uns vergeben. Jesus hat am Kreuz von Golgatha alle Schuld von uns genommen. Wir sind frei und dürfen uns freuen. Deshalb loben wir Gott und sprechen gemeinsam: Ehre sei Gott in der Höhe und Frieden auf Erden.
  Alle: Ehre sei Gott in der Höhe und Frieden auf Erden.

- Lied »Halleluja. Amen« (EG 181.8)

- Wir beten miteinander
  Lieber Gott, Du bist für jeden von uns da. Für die Fröhlichen und die Traurigen, für die Starken und die Schwachen, für die Mutigen und für die, die Angst haben. Du bist da für die Großen und die Klei-

nen und für alle Menschen auf der Welt. Du machst keine Unterschiede. Auch für mich bist Du da. Lieber Gott, ich danke Dir. Amen (Das Gebet kann auch ein Kind sprechen)

L ■ Lied »Unser Leben sei ein Fest« (S. 181); »Daß du mich einstimmen läßt« (S. 196)

■ Wir hören auf Gottes Wort
Eine biblische Geschichte (Markus 14,17–26) wird erzählt.
Die Geschichte wird aus der Perspektive der Jünger erzählt, die erleben, wie sie auf dem Weg des Glaubens müde und matt werden. In dieser Situation gibt Jesus ihnen Brot und Wein als Zeichen der Hoffnung und Stärkung. Da die Gedanken der Jünger so nicht im Text stehen, empfiehlt es sich, die Erzählung in einer Lesung (aus einer Kinderbibel) zu bündeln.
Damit die Kinder nicht durch die Zahl der auftretenden Jünger verwirrt werden, kann man Stabpuppen einsetzen, die das eine oder andere Gespräch auch spielen.

In den Straßen Jerusalems ist es ruhig geworden. Viele Menschen drängelten sich vorher durch die Straßen der Stadt, um das große Fest vorzubereiten. Zeitraubend sind diese Vorbereitungen, aber jeder tut sie gerne. Große und Kleine spüren: »Diese Nacht ist anders als alle anderen Nächte. Diese Nacht ist eine Zeit der Freude für ganz Israel.«
Auch die Jünger Jesu haben das Fest vorbereitet. Die Kerzen auf dem Tischleuchter tauchen den Raum in ein gedämpftes Licht. Die Speisen für das Fest liegen auf den Tischen: grüne Kräuter, gebratenes Lamm, Brotfladen ohne Sauerteig, Bitterkräuter, Fruchtmus und Wein. Bevor das Mahl beginnt, können sie auf den Polstern noch ein wenig ausruhen.
Leise reden sie miteinander. »Kannst du dir das erklären?«, fragt einer. »Da zieht Jesus in Jerusalem ein, alle jubeln ihm zu und rufen »Hosianna«, breiten ihre Kleider vor ihm aus, reißen Palmenzweige ab und legen sie für ihn auf den Weg, winken ihm zu, als er auf dem Esel daherreitet, sie empfangen ihn wie einen König. Und Jesus sagt, daß er bald sterben muß? Verstehst du das?«
Der Angeredete schüttelt stumm den Kopf. Weiter unten am Tisch

wird es unruhig. Einige tuscheln und drehen die Köpfe zu Jakobus und Johannes, den Söhnen des Zebedäus. »Ich habe immmer gedacht, wir alle sind Freunde.«, flüstert einer. »Wer hätte gedacht, daß sie bei Jesus besondere Plätze beanspruchen. Und ihre Mutter hat sie dabei noch unterstützt. Ich finde das nicht richtig.«

»Und wenn ich an die Frau aus Bethanien denke,« sagt sein Nachbar. »Das kostbare Nardenöl, mit dem sie Jesus die Füße salbte, hätten wir verkaufen und das Geld den Armen geben können. Aber Jesus hat mir scharf widersprochen: »Sie hat mich zu meinem Begräbnis gesalbt!«, hat er gesagt. Und: »Arme habt ihr immer bei euch«. Wie er das wohl gemeint hat?«

Da beginnt Jesus die Feier. »Wie gerne hätte ich das Passamahl noch einmal mit euch gegessen, ehe ich sterbe.«

Die Jünger horchten auf. Einige schütteln den Kopf, andere sehen verwundert zu Jesus. So hat Jesus das Passamahl noch nie begonnen.

Jesus nimmt den Becher mit dem Wein, der vor ihm steht und segnet ihn: »Gepriesen seist du, unser Gott, der du die Frucht des Weinstocks geschaffen hast.« Die Jünger nehmen den Becher aus Jesu Hand und reichen ihn einander weiter.

Dann segnet Jesus den Tag des Passafestes: »Gepriesen seist du, unser Herr, daß du uns dieses Fest der ungesäuerten Brote zu unserer Freude gegeben hast.«

Bei den Jüngern ist nicht mehr viel von dieser Freude zu spüren. Manchem wollen die grünen Kräuter, die er in die Schüssel mit dem würzigen Essig eintaucht, nicht mehr schmecken. Aber keiner traut sich Jesus zu fragen, warum er heute so ernst ist.

Nach einer Weile schaut Jesus die Jünger an, einen nach dem anderen. Dann sagt er: »Einer unter euch, der mit mir ißt, wird mich verraten.«

Die Jünger sehen sich entsetzt an. Was hat Jesus da gesagt? Er meint doch nicht mich? Ich bin es bestimmt nicht! Petrus ist empört: »Und wenn sich alle an dir ärgern, ich bleibe bei dir!« Aber Jesus schweigt.

Allmählich wird es wieder ruhig in dem Raum. Die Stimmung ist gedrückt. Da sagt Jesus: »Der, welcher mit mir die Hand in die Schüssel getaucht hat, der wird mich verraten.«

Judas zuckt zusammen, die Kräuter fallen in den Essig zurück. Jesus holt sie heraus und gibt sie ihm: »Was du vorhast, das tue bald.« Daß Jesus ihm die Kräuter so reicht, als wolle er ihn einladen, sieht in diesem Augenblick keiner.

Judas schweigt. Er denkt sich: »Wenn ich seinen Gegnern sage, wo sie ihn finden und wenn sie ihn dann gefangen nehmen – dann muß er doch seine Macht zeigen! Dann müssen ihn alle als den rettenden Messias anerkennen. Ich, ich Judas, werde ihn dazu zwingen, sich als der Herr zu erweisen!« Nach einer Weile schleicht sich Judas davon, hinaus in die finstere Nacht.

Die Passafeier geht weiter und Jesus hält, wie jeder jüdische Hausvater, die Andacht. Die Jünger singen Worte aus einem der Psalmen und loben Gott: »... der den Geringen aufrichtet aus dem Staub und erhöht den Armen aus dem Schmutz.« Keiner von ihnen kommt auf den Gedanken, daß das etwas mit dem Schicksal Jesu zu tun haben könnte. So füllen sie ihren Becher zum zweitenmal und warten, daß Jesus das Tischgebet spricht.

Jesus nimmt einen Fladen von dem ungesäuerten Brot und dankt Gott: »Gepriesen seist du, mein Vater, der du das Brot aus der Erde hervorgehen läßt.« »Amen«, antworten die Jünger.

Dann nimmt Jesus das Brot mit beiden Händen. Alle können es sehen. Er hält es den Jüngern hin, bricht es entzwei, legt die eine Hälfte zurück in den Korb und reißt von der anderen Hälfte ein Stück ab und sagt: »Nehmet hin und esset, das ist mein Leib, der für euch gegeben wird; solches tut zu meinem Gedächtnis.«

Petrus ist ganz verwirrt. Er versteht Jesus nicht. »Warum will sich Jesus für mich opfern? Wenn er tot ist, kann er doch nichts mehr für mich tun!« Da reicht ihm Andreas ein Stück Brot: »Für dich gegeben!« Petrus nimmt es und ißt.

Auch Jakobus hat sich alles ganz anders vorgestellt: »Wir haben gehofft, daß er unser Volk erlösen wird – und jetzt redet er selbst ständig von seinem Sterben.« Johannes schaut ihn an, bricht ihm ein Stück Brot ab: »Für dich gegeben!« und fügt hinzu: »Erinnerst du dich nicht mehr daran, wie Jesus für unseren Glauben, daß er immer stark sein soll, gebetet hat?«

Als sie das Passamahl essen, redet kaum noch einer. Sie verstehen nicht, warum Jesus bei diesem Fest von seinem Sterben redet.

Nach dem Mahl nimmt Jesus noch einmal den Becher mit Wein, segnet ihn und hebt ihn hoch. Er richtet seine Augen auf den Kelch und beginnt Gott dafür, daß er gütig und barmherzig ist, zu danken. Er dankt für das Land und die Menschen, die darin wohnen. Er reicht den Becher weiter und alle trinken daraus. Dabei sagt Jesus: »Das ist mein Blut des Neuen Bundes, das für viele vergossen wird zur Vergebung der Sünden.«

Und dann betet er wieder mit den ihnen vertrauten Worten: »Danket dem Herrn, denn er ist freundlich und seine Güte währet ewiglich. Dies ist der Tag, den der Herr macht, lasset uns freuen und fröhlich an ihm sein. Amen.«

Danach stehen sie auf und gehen hinaus. Die Jünger sagen zueinander: »Kann einer so beten, der den Tod vor Augen hat? Betet so nicht vielmehr einer, der das Leben noch vor sich hat? So nahe wie heute war uns Jesus schon lange nicht mehr. Es war, als wäre Gott selber mit dabeigewesen.«

Im Schein ihrer Öllampen gehen sie in den Garten Gethsemane.

(Anstelle dieser Geschichte kann unter dem Aspekt der feiernden Gemeinschaft auch die Geschichte »Auch wir sind eingeladen«, S. 136 verwendet werden.)

■ Wir feiern Familienabendmahl
Dazu stellen wir in den Altarraum einen Tisch, decken ihn mit einer weißen Decke (evtl. von den Kindern und Eltern selbst gestaltet) und stellen darauf Blumen, Kerzen, Kreuz und die Abendmahlsgeräte. Zu den einzelnen Gegenständen können biblische Worte gesprochen werden, z. B. zu den Kerzen das Ich-bin Wort Johannes 8,12; zum Brot Johannes 6,35; zum Traubensaft Johannes 15,5.

Wenn der Tisch gedeckt ist, wird die Geschichte von der Einsetzung des Abendmahls in knapper Form erzählt. Die Einsetzungsworte werden in der agendarischen Form oder aus der biblischen Überlieferung gesprochen.

Nach der Einladung stellen sich die Abendmahlsgäste im (Halb-) Kreis um den Tisch, singen das Lied »Jesus lädt uns ein« (S. 179/180) **L** und reichen sich Brot und Traubensaft weiter. Die Eltern sind ihren Kindern behilflich. Während der Austeilung spielt leise Meditationsmusik. So kommt Ruhe in den Ablauf der Feier.

Sind es sehr viele Abendmahlsgäste, wird der Kreis soweit geöffnet, daß er an die Bänke anschließt und die Gaben dann in den Bänken einander gereicht werden können. Dabei ist auf ausreichend

Mitarbeitende zu achten, die den Ablauf begleiten und eingreifen können, falls es nötig ist (z. B. neue Brotkörbe, Reinigen der Kelche).

L Die Abendmahlsfeier schließt mit einem Dankgebet oder einem Danklied z. B. »Danket, danket dem Herrn« oder »Danke schön« (S. 190).

Nach der Feier spricht die Gemeinde aus der Abendmahlsgemeinschaft heraus gemeinsam das Glaubensbekenntnis.

Danach erfolgt die Überleitung zum Abschlußteil. Dieser kann sehr verschieden gestaltet werden.

Wir singen, bitten, loben und danken, daß Gott uns auf unserem Weg des Glaubens begleitet, z. B. mit dem Lied »Hilf, Herr, meines Lebens« (EG 419) oder mit einem einfachen liturgischen Tanz oder mit einem Gebet, bei dem alle beteiligt sind.

Lieber himmlischer Vater, erhöre uns, wenn wir zu Dir beten. Hilf allen Kindern auf der Welt, laß sie satt werden und in Frieden leben.
Alle: Wir bitten dich, erhöre uns.
Gib den Kindern, die ohne Eltern aufwachsen, Menschen, die für sie sorgen und für sie da sind.
Alle: Wir bitten dich, erhöre uns.
Gib den körperlich und geistig behinderten Kindern Menschen, die es gut mit ihnen meinen, die ihre Begabungen fördern und sie lieb haben.
Alle: Wir bitten dich, erhöre uns.
Hilf den Kindern und Erwachsenen, die auf Abwege geraten, daß sie keinen Schaden an Leib und Seele nehmen.
Alle: Wir bitten dich, erhöre uns.
Zeige uns Wege, wie wir anderen helfen können und mache uns dankbar für all das Gute, das Du uns täglich gibst.
Alle: Wir bitten dich, erhöre uns.
Alles Herr, was zu unserem Leben dazugehört, befehlen wir Dir an mit dem Gebet, das Jesus uns zum Beten gegeben hat:
Vater unser im Himmel... oder Vater unser Lied (EG 188)

■ Wir bitten Gott um seinen Segen und lassen uns senden.
Alle geben sich die Hände.

Wir geben uns die Hände, weil Jesus Christus bei uns ist.
Wir geben uns die Hände und wünschen uns Frieden.
Wir geben uns die Hände und wünschen uns Freude.
Wir geben uns die Hände, weil Jesus Christus mit uns geht.
Der Herr segne uns und behüte uns. Der Herr lasse sein Angesicht leuchten über uns und sei uns gnädig. Der Herr erhebe sein Angesicht auf uns und schenke uns seinen Frieden. Amen

■ Anschließend wird das Dankopfer gesammelt, ein Schlußlied z.B. »Guter Gott, danke schön« (S. 191) oder »Bewahre uns, Gott« **L** (S. 195) gesungen, aufgeräumt und die Verabredungen für den nächsten Gottesdienst getroffen.

Bei Jesus sind wir heut zu Gast
Ein Tisch ist mehr als ein Tisch

- Begrüßung

L
- Lied »Das Festmahl« (S. 183) oder das Lied, das jeweils am Anfang der einzelnen Tage/Teile während der Vorbereitung gesungen wurde (vgl. S. 81)

G
- Gebet (z. B. S. 166)/Psalm

- Darstellung der Botschaft der einzelnen Tage/Teile durch vier Kinder (Inhalte vgl. S. 81)
  1. Kind: Hochzeit zu Kana
           Wo Jesus ist, da ist Freude
  2. Kind: Zachäus
           Versöhnung durch gemeinsames Essen und Trinken, Gemeinschaft entsteht
  3. Kind: Emmaus
           Aus der Erinnerung Kraft schöpfen
  4. Kind: Die große Einladung
           Freude über die Einladung Gottes an alle Menschen
  Jede der kurzen Darstellungen kann ausgestaltet werden mit einem Gebet, durch Klage- oder Lobpreisverse oder mit einem Bekenntniswort.

L
- Lied »Miteinander essen« (S. 192)

- *Dann stellen sich die vier Kinder so auf, daß sich ein Quadrat ergibt und halten gemeinsam ein Tuch:*
  Aus der Freude heraus, daß Gott uns liebt, feiern auch wir ein Fest. Dazu sind alle eingeladen, sind alle Gottes Gäste.
  (Unter das Tuch wird ein Tisch geschoben und dann das Tuch darübergelegt als Tischtuch.)
  Wir feiern dieses Fest und erinnern uns dabei an die Mahlgemein-

schaft Jesu mit seinen Jüngern. Wir feiern dieses Fest in dem Glauben, daß Gott uns von dem, was uns belastet, frei macht und in eine neue Gemeinschaft hineinführt. Wir feiern dieses Fest und lassen uns Kraft und Zuversicht für unseren Glauben geben.

Wir bereiten jetzt den Tisch für das Fest vor und stimmen uns ein auf die gemeinsame Feier.

(Kinder bringen Brot, Kelche/Kanne mit Traubensaft)

- Lied »Wir teilen Brot I« (S. 187) *dabei den Tisch mit Kerzen, Leuchter, Kreuz und Blumen schmücken*   **L**

- Erzählung zu Lukas 24,13–45 (vgl. »Der Wegbegleiter«, S. 146 oder »Brannte nicht unser Herz?«, S. 148)   **T**

- Austeilung der Gaben Brot und Traubensaft

- Dankgebet (S. 171) oder Danklied »Danket, danket dem Herrn« (S. 190)   **G** **L**

- Fürbitten

- Sendung und Segen/Segenslied z. B. »Bewahre uns, Gott« (S. 195)   **L**

Alle sind eingeladen
Familiengottesdienst mit Feier des Abendmahls

■ Einläuten/Orgelvorspiel/Begrüßung

■ Lied »Der Gottesdienst soll fröhlich sein« (EG 169,1–5)

■ Gebet
Wir wenden uns unserem Gastgeber zu. Der, der uns eingeladen hat, hört uns. Im Gebet sprechen wir zu ihm:

Gott, sei uns nahe, daß wir einander so begegnen, wie Jesus den Menschen begegnete. Laß uns das Brot, das wir teilen, zur Gemeinschaft mit dir und untereinander werden. Stärke uns durch den Saft der Trauben zu der Liebe, mit der du uns liebst. Amen

Nun werden die Zweige mit den Trauben, die die Kinder gestaltet haben, zum Altar gebracht und in vorbereitete Gefäße gestellt. Die Kinder schmücken den Altar und bringen die Abendmahlsgeräte und -gaben. Während der Altar festlich vorbereitet wird, wird gesungen.

L ■ Lied »Alle sind eingeladen« (S. 176)

■ Vorstellung der Festgäste
Wir sind in unserer Kirche zusammengekommen, weil Gott uns einlädt. Aber untereinander kennen wir uns noch nicht alle. Deshalb wollen wir uns einander vorstellen und sehen, wer heute alles da ist und mitfeiert.
Es werden nacheinander verschiedene Gruppen aufgerufen, z.B. alle Kinder, alle Kirchenvorstände, alle Konfirmanden, alle Omas und Opas, etc.
Wir laden heute zum ersten Mal die Kinder zum Abendmahl ein. Das ist ein besonderer Tag in unserer Gemeinde. Ein Tag, den wir fröhlich feiern sollten. Daß die Kinder nun auch bei dem dabei sein

können, was viele Erwachsene als etwas ganz Wichtiges für sich bezeichnen, ist gut. Manchen in unserer Gemeinde fällt es am Anfang nicht leicht, das mitzutragen und mit Kindern das Abendmahl zu feiern. Aber lassen Sie sich alle einladen, so wie es am Ende des nun folgenden Rollenspiels der Fall ist.

Wir sehen eine Familie am Samstagabend kurz vor dem Abendessen. Vater sitzt am Tisch und liest Zeitung, Mutter deckt den Tisch, das Kind hilft dabei.

Mutter: Morgen könnten wir wieder einmal in die Kirche gehen.
Vater: Warum? Ist was Besonderes los?
Kind: Morgen ist Familiengottesdienst. Verena und Jasmin kommen auch.
Vater: Dann kannst du ja mit den beiden hingehen.
Mutter: Aber ... , das ist kein Kindergottesdienst, sondern ein Familiengottesdienst. Wir sind doch eine Familie.
Kind: (bringt Einladungszettel) Schau Papa, da ist die Einladung für uns.
Vater: Familiengottesdienst mit Abendmahl mit Kindern. Was soll denn das sein? Sollen die Kinder jetzt schon beim Abendmahl dabeisein?
Kind: Ach bitte, Papa, komm doch mit.
Vater: Lauter so neumodische Erfindungen. Wir haben das erste Abendmahl bei der Konfirmation bekommen. Das war auch sehr feierlich.
Kind: Was ist denn eine Konfirmation?
Vater: Siehst du, du weißt nicht einmal, was die Konfirmation ist. Aber schon zum Abendmahl gehen wollen.
Kind: Sag mir doch, was ist Konfirmation?
Mutter: Da lernt man alles über die Kirche und den Glauben. Dann darf man zum Abendmahl gehen. Aber das verstehst du noch nicht.
Kind: Dann erklärt es mir! Papa, sag doch.
Vater: Also, das ist so: Beim Abendmahl muß man nach vorne gehen, kriegt eine Oblate und einen Schluck Wein. Schon deswegen darfst du nicht zum Abendmahl gehen. Du darfst noch keinen Wein trinken.
Kind: Man kann Traubensaft nehmen, sagt unsere Pfarrerin.

Vater: So, so. Und man muß ganz ernst sein und eine Verbeugung vor dem Pfarrer machen.

Kind: Du darfst aber auch fröhlich sein, sagt unsere Pfarrerin.

Vater: So? *(zur Mutter)* Jetzt sag doch du auch mal was.

Mutter: Ja, das haben wir damals auch gelernt. Ich weiß noch ganz genau, was im kleinen Katechismus steht. Zum Vierten: Fest und leiblich sich bereiten ist zwar eine feine äußerliche Zucht ... aber der ist würdig und ... aber auch der ist würdig und recht ... jetzt hab ich es doch vergessen.

Kind: Ich will es euch sagen, was Abendmahl ist. Jesus feiert mit uns ein Fest. Es gibt Brot und Traubensaft. Weil es mit Jesus genauso ist wie mit den Körnern und den Trauben.

Die Körner werden zermalen, bevor man Brot daraus backen kann. Und die Weintrauben werden gepreßt, damit der Saft herausfließen kann. Die Körner und Trauben sterben, damit wir gutes Brot und guten Wein bekommen. Genauso wie Jesus für uns am Kreuz gestorben ist und an Ostern wieder auferstanden ist. Darüber freuen wir uns. Darum feiert er mit uns Abendmahl und ist bei uns in Brot und Traubensaft.

Mutter und Vater: Woher weißt du denn das alles?

Kind: Mensch, das weiß doch jeder.

■ Kurzpredigt zu Johannes 15,5 unter Aufnahme der Aussagen des Rollenspiels mit einer kurzen Abendmahlserklärung

L ■ Lied »Kommt, wir pflanzen den Hoffnungsbaum« (S. 193)

■ Einsammeln der Kollekte und Bekanntgaben/Abkündigungen

■ Fürbitten
(die Bitten mit mehreren Personen/Kindern sprechen)
Guter Gott, wir sehen und hören es jeden Tag: nicht allen Menschen geht es gut.
Wir bitten dich für diese Menschen, daß du ihnen hilfst, wo sie sich nicht selbst helfen können, daß du ihnen beistehst in den Schwierigkeiten ihres Lebens.
Wir bitten dich für die Menschen, denen das Wichtigste zum Leben fehlt: Essen und Trinken. Wir denken an die Menschen in den Hun-

gergebieten dieser Welt. Lehre uns, mit ihnen zu teilen, damit sie leben können.

Wir bitten dich für die Menschen, die leben, wo Krieg und Verfolgung herrschen. Laß dort ganz schnell Frieden werden, damit die Menschen keine Angst mehr um ihr Leben haben müssen.

Wir bitten dich für die Menschen, die ausgeschlossen sind von unseren Festen. Menschen, die auf der Straße leben, die auf der Flucht sind, die keiner leiden mag. Öffne du unsere Herzen, damit wir auch sie annehmen und einladen.

Wir bitten dich für die Menschen, denen nicht nach Feiern zumute ist, weil sie krank sind, weil sie getrennt leben, weil sie um einen lieben Menschen trauern, weil sie verzweifelt sind, weil sie Angst vor dem Leben haben. Richte sie auf, gib ihnen Mut und Kraft, daß sie wieder Freude am Leben finden.

Wir bitten dich für uns selbst. Oftmals stehen Mauern zwischen uns und trennen uns voreinander und wir wissen eigentlich gar nicht, warum das so ist. Schiebe alles Trennende zur Seite, laß uns über alle Vorurteile hinweg das Gemeinsame erleben. Laß uns in deiner Liebe leben, so wie du uns liebst. Laß uns zu einer guten Gemeinschaft werden wie die Beeren an einer Traube. Das bitten wir durch Jesus Christus, deinen Sohn. Amen

- Lied »Eingeladen zum Leben« (S. 178); »Jede Pflanze braucht viel Sonne« (S. 197) **L**

- Abendmahlsfeier
  - Einstimmung
    Jesus hat mit vielen Menschen gegessen und getrunken: mit kleinen und großen, fröhlichen und traurigen. Er ist vom Tode auferstanden und hat uns neues Leben gegeben. Wie er mit seinen Freunden gefeiert hat, so feiert er heute mit uns. Wenn wir das Brot teilen und von dem Traubensaft trinken, dann ist er bei uns.
  - Dankgebet
    Vater, es ist wahr und tut uns gut, dir zu sagen: Danke, daß wir dich haben, danke, daß du für uns da bist.
    Danke für die Welt mit ihren Tieren und Pflanzen. Danke, daß du sie beschützt und bewahrst, wo wir doch oft so lieblos mit ihr umgehen.

Danke, daß du deinen Sohn Jesus Christus zu uns geschickt hast. Viele Traurige hat er fröhlich gemacht, viele Belastete frei gemacht, vielen neues Leben geschenkt.

Danke, daß du uns deinen Heiligen Geist, den Geist des Friedens schickst. Er macht uns Mut, er gibt uns Kraft und Hoffnung für unser Leben.

Gott, wir danken dir für alle deine Gaben der Liebe. Wir loben und preisen dich mit allen Geschöpfen der Erde und des Himmels:

- Lied »Heilig, heilig, heilig ist der Herr« (EG 185.3)
- Einsetzungsworte

Hört, warum wir am Tisch des Herrn zusammen essen und trinken.

An dem Abend, bevor Jesus verraten wurde, saß er zusammen mit seinen Freunden bei einem festlichen Abendmahl. So taten es an diesem Abend alle Menschen in Israel. Jesus nahm das Brot, sprach das Dankgebet, brach ein Stück ab und gab das Brot weiter. Dazu sagte er: »Nehmt das Brot und eßt. Das ist mein Leib, der für euch gegeben wird.« Die Freunde verstanden, was Jesus meinte: wie Jesus ihnen das Brot gab, so wird er sich für sie hingeben.

Als sie das Brot gegessen hatten, nahm Jesus den Kelch in die Hand. Dazu sagte er: »Nehmt den Kelch und trinkt alle daraus. Dieser Kelch ist der neue Bund in meinem Blut, das für euch vergossen wird.« Die Freunde verstanden, was Jesus meinte: Jesus wird sein Blut vergießen und sterben, damit sie und alle Menschen leben können.

Nach dem sie getrunken hatten, sagte Jesus weiter: »Sooft ihr von dem Brot eßt und aus dem Kelch trinkt, tut dies zu meinem Gedächtnis. Erinnert euch an dieses Abendmahl und feiert es so, wie wir es gefeiert haben. Denn dann bin ich bei euch, so wie ich jetzt bei euch bin.«

Wie Jesus es gesagt hat, so feiern wir auch heute als seine Freundinnen und Freunde zusammen Abendmahl. Vor dem Essen sprechen wir ein Gebet, das alle kennen und das uns Jesus zum Beten gegeben hat: Vater unser im Himmel ...

- Lied »Christe du Lamm Gottes« (EG 190.2)

- Einladung zur Feier des Abendmahls
Jesus Christus lädt uns ein, an diesem Tisch zu essen und zu trinken. Deshalb kommt, die Gaben stehen bereit.
- Entlassung mit Friedensgruß
(entweder bei jeder Abendmahlsrunde oder am Ende mit allen)
Wie die einzelnen Beeren an der Traube verbunden sind, sind wir in der Gemeinde durch Jesus Christus verbunden. Zeigt diese Verbundenheit, indem ihr euch die Hände reicht und euch zusprecht: Friede sei mit dir!

■ Dankgebet
Gott, unser Vater im Himmel, wir sind gestärkt durch das Brot und den Traubensaft. Wir danken dir dafür. Deine Kraft geht mit uns und begleitet uns in den Alltag. Darauf vertrauen wir heute, morgen und alle Tage unseres Lebens. Amen.
Oder das Danklied »Danke schön« (S. 190)   **L**

■ Sendung und Segen
Wir gehen nun wieder hinaus in unsere Häuser und Wohnungen, morgen in den Alltag von Kindergarten, Schule, Beruf und Freizeit. Die Kraft zum Leben, die wir vorhin empfangen haben, nehmen wir mit. Aus dieser Kraft heraus können wir den Frieden und die Liebe Gottes an andere weitergeben.
Es segne und behüte uns der allmächtige und barmherzige Gott, der Vater, der Sohn und der Heilige Geist. Amen

■ Lied »Herr, gib uns deinen Frieden« (EG 436)

Materialien und Bausteine

Alle sind eingeladen
Eine Geschichte von Freiheit, Liebe und Hoffnung

»Hast du gehört, was sie gesungen haben? So ein fürchterliches Lied. Das gehört verboten. Ich werde beim Hohen Priester gleich morgen den Antrag stellen. Es ist Gotteslästerung.« Der Schriftgelehrte Josua war außer sich vor Wut. Er mußte seinem Ärger einfach Luft machen. Geduldig hörte ihm sein Freund Elia zu. »Du hast ja Recht. Aber jetzt reg dich doch nicht so auf. So schlimm ist das Liedchen nun auch nicht. Und das mit der Gotteslästerung, ich weiß nicht. Das versteh ich nicht so. Viel schlimmer ist doch, daß sich Jesus mit diesem Abschaum an einen Tisch setzt. Das gehört sich nicht.«

Nach einer Zeit verstummten die beiden. Wortlos gingen sie nebeneinander her. Was war passiert, daß sich die frommen Männer Josua und Elia so aufregten? Tatsächlich, es war etwas wirklich Aufregendes passiert.

Jesus war mit seinen Jüngern nach Kapernaum gekommen. Als sie in die Stadt hineingingen, mußten sie am Zollhaus vorbei. Im Zollhaus saß Matthäus, der Zöllner. Kein Mensch wollte etwas mit den Zöllnern zu tun haben. Sie galten als Feinde des Volkes, weil sie für die römische Besatzungsmacht Zoll erhoben und dabei auch für sich ordentlich was rausholten. Auch Matthäus machte es so. Außer den anderen Zöllnern hatte er keine Freunde. Niemand mochte ihn wirklich, obwohl alle Menschen zu ihm und den anderen Zöllnern freundlich waren. Aber diese Freundlichkeit war nur vorgetäuscht, denn keiner wollte es sich mit den Zöllnern verderben. Wer weiß, wieviel Zoll sie sonst beim nächsten Mal kassieren würden.

Jesus blieb vor dem Zollhaus stehen. »Matthäus, komm heraus und folge mir.« Zuerst schaute Matthäus ganz verdutzt. Hatte ihn da wirklich jemand beim Namen gerufen? Dann sah er sich Jesus genauer an. Eine unerklärliche Anziehungskraft strahlte von ihm aus. War es der Blick, der Gesichtsausdruck oder die leicht ausgestreckte Hand? Matthäus konnte es nicht sagen. Er stand auf, sperrte das Zollhaus zu und ging zu Jesus. Gemeinsam gingen sie zum Haus des Matthäus.

Dort angekommen, lud Matthäus Jesus und die Jünger zum Essen ein. Er brachte Brot, Wein, Käse und Obst, alles was er im Hause hatte. Seine Frau schickte er zu seinem Freund Aron, um noch mehr zu holen. Aron war ganz erstaunt, daß Matthäus soviele Gäste hatte. Das wollte er auch sehen und ging mit. Als sie zum Haus des Matthäus kamen, drängten sich schon viele Menschen vor der Türe und im Garten. Mit Mühe kamen Aron und die Frau von Matthäus durch die Menge ins Haus. Drinnen saßen Matthäus, Jesus, einige von den Jüngern, ein paar Zöllner und andere, die Aron nicht kannte, am Tisch. In der Ecke entdeckte er die Hure Rahab. Alle saßen da und hörten Jesus zu.

Aron stellte sich ans Fenster. Da hörte er, wie sich mehrere Männer stritten. »Wie kann Jesus das tun? Wenn er ein frommer und gottesfürchtiger Mensch ist, dann darf er sich nicht mit diesen Zöllnern und anderen Sündern an einen Tisch setzen.« »Jesus weiß, was er tut. Er ist eben anders als ihr Schriftgelehrten. Ihr redet doch immer bloß so fromm daher. Aber helfen tut ihr den Menschen damit nicht.« »Wir befolgen das Gesetz Gottes. Wir halten uns fern von Sündern, so wie es vorgeschrieben ist.«

Auch Jesus hatte jetzt gehört, daß sich seine Jünger mit den Schriftgelehrten Josua und Elia stritten. Er stand auf, ging zum Fenster und sagte: »Gott gefällt es besser, wenn man sich um die Menschen kümmert, um die sich sonst niemand kümmert. Ihr habt vergessen, daß die Liebe wichtiger ist als fromme Worte. Deshalb bin ich gekommen, um den Menschen, die ihr Sünder nennt, zu sagen: Gott liebt auch euch. Auch ihr gehört zu ihm. Er lädt euch ein zur Gemeinschaft mit ihm.«

Josua und Elia waren empört: »Das ist gegen den Willen Gottes. Er hat diese Menschen hier bestraft für ihre Sünden. Er hat sie ausgestoßen aus seinem Volk. Willst du dich gegen Gott stellen?«

»Ich stelle mich gegen euch und eure Unmenschlichkeit. Gott will das Leben. Er will, daß es allen Menschen gut geht. Auch den Krüppeln, auch den Lahmen, Blinden, Aussätzigen. Auch den Zöllnern. Das sage ich diesen Menschen.Und zum Zeichen für Gottes Liebe essen und trinken wir miteinander.«

Josua und Elia waren entsetzt. Wortlos drehten sie sich um und gingen weg. Sie hörten, wie Jesus sagte: »Hört, ihr alle seid eingeladen. Keiner ist ausgeschlossen von der Liebe Gottes. Laßt uns zum Zeichen für diese Liebe miteinander essen und trinken.«

Voller Freude hörten die Menschen im Haus, im Garten und auf der Straße zu. Die Worte Jesu taten ihnen gut. Endlich war einmal jemand auf ihrer Seite. Mitten in der Menge summte einer eine Melodie vor sich hin, probierte dazu ein paar Worte und begann ganz leise zu singen. »Alle sind eingeladen, zu schmecken Gottes Gaben. Keiner soll draußen bleiben, wenn jetzt das Fest beginnt« (S. 176). Beim zweiten Mal sang er schon lauter, und die neben ihm saßen sangen mit. Beim dritten Mal sangen noch mehr mit, und es dauerte nicht lange, da sangen alle: »Alle sind eingeladen, zu schmecken Gottes Gaben. Keiner soll draußen bleiben, wenn jetzt das Fest beginnt.«

O, wie tat das gut. Voller Begeisterung sangen sie das Lied, immer und immer wieder. Es war für sie ein Lied von Freiheit, Liebe und Hoffnung. Als sie am späten Abend gingen, summten oder sangen sie leise das Lied. Das Lied von der Liebe Gottes, die auch ihnen, den Ausgestoßenen, den Verachteten, den Sündern und den Zöllnern gilt.

Brot in deiner Hand
eine Versöhnungsgeschichte von Heinrich Mertens

An der Jakobstraße in Paris liegt ein Bäckerladen; da kaufen viele hundert Menschen ihr Brot. Der Besitzer ist ein guter Bäcker. Aber nicht nur deswegen kaufen die Leute des Viertels dort gern ihr Brot. Noch mehr zieht sie der alte Bäcker an: der Vater des jungen Bäckers. Meistens ist nämlich der alte Bäcker im Laden und verkauft.

Dieser alte Bäcker ist ein spaßiger Kerl. Manche sagen: ›Er hat einen Tick.‹ Aber nur manche; die meisten sagen: ›Er ist weise, er ist menschenfreundlich.‹ Einige sagen sogar: ›Er ist ein Prophet.‹ Aber als ihm das erzählt wurde, knurrte er vor sich hin: »Dummerei ...«

Der alte Bäcker weiß, daß man Brot nicht nur zum Sattessen brauchen kann, und gerade das gefällt den Leuten. Manche erfahren das erst beim Bäcker an der Jakobsstraße, zum Beispiel der Autobusfahrer Gerard, der einmal zufällig in den Brotladen an der Jakobstraße kam.

»Sie sehen bedrückt aus«, sagte der alte Bäcker zum Omnibusfahrer.

»Ich habe Angst um meine kleine Tochter«, antwortete der Busfahrer Gerard. »Sie ist gestern aus dem Fenster gefallen, vom zweiten Stock.«

»Wie alt?«, fragte der alte Bäcker. »Vier Jahre«, antwortete Gerard.

Da nahm der alte Bäcker ein Stück vom Brot, das auf dem Ladentisch lag, brach zwei Bissen ab und gab das eine Stück dem Busfahrer Gerard. »Essen

Sie mit mir«, sagte der alte Bäcker zu Gerard, »ich will an Sie und Ihre kleine Tochter denken.«

Der Busfahrer Gerard hatte so etwas noch nie erlebt, aber er verstand sofort, was der alte Bäcker meinte, als er ihm das Brot in die Hand gab. Und sie aßen beide ihr Brotstück und schwiegen und dachten an das Kind im Krankenhaus.

Zuerst war der Busfahrer Gerard mit dem alten Bäcker allein. Dann kam eine Frau herein. Sie hatte auf dem nahen Markt zwei Tüten Milch geholt und wollte nun eben noch Brot kaufen. Bevor sie ihren Wunsch sagen konnte, gab ihr der alte Bäcker ein kleines Stück Weißbrot in die Hand und sagte: »Kommen Sie, essen Sie mit uns: Die Tochter dieses Herrn liegt schwer verletzt im Krankenhaus – sie ist aus dem Fenster gestürzt. Vier Jahre ist das Kind. Der Vater soll wissen, daß wir ihn nicht allein lassen.« Und die Frau nahm das Stückchen Brot und aß mit den beiden.

So war das oft im Brotladen, in dem der alte Bäcker die Kunden bediente. Aber es passierte auch anderes, über das sich die Leute noch mehr wunderten. Da gab es zum Beispiel einmal die Geschichte mit Gaston:

An einem frühen Morgen wurde die Ladentür aufgerissen, und ein großer Kerl stürzte herein. Er lief vor jemandem fort; das sah man sofort. Und da kam ihm der offene Bäckerladen gerade recht. Er stürzte also herein, schlug die Tür hastig hinter sich zu und schob von innen den Riegel vor. »Was tun denn Sie da?« fragte der alte Bäcker. »Die Kunden wollen zu mir herein, um Brot zu kaufen. Machen Sie die Tür sofort wieder auf.«

Der junge Mann war ganz außer Atem. Und da erschien vor dem Laden auch schon ein Mann wie ein Schwergewichtsboxer, in der Hand eine Eisenstange. Als er im Laden den jungen Kerl sah, wollte er auch hinein. Aber die Tür war verriegelt.

»Er will mich erschlagen«, keuchte der junge Mann.

»Wer? Der?«, fragte der Bäcker.

»Mein Vater«, schrie der Junge, und er zitterte am ganzen Leibe. »Er will mich erschlagen. Er ist jähzornig. Er ist auf neunzig!«

»Das laß mich nur machen«, antwortete der alte Bäcker, ging zur Tür, schob den Riegel zurück und rief dem schweren Mann zu: »Guten Morgen, Gaston! Am frühen Morgen regst du dich schon so auf? Das ist ungesund. So kannst du nicht lange leben. Komm herein, Gaston. Aber benimm dich. Laß den Jungen in Ruh! In meinem Laden wird kein Mensch umgebracht.«

Der Mann mit der Eisenstange trat ein. Seinen Sohn schaute er gar nicht an. Und er war viel zu erregt, um dem Bäcker antworten zu können. Er wischte sich mit der Hand über die feuchte Stirn und schloß die Augen. Da hörte er den Bäcker sagen:»Komm, Gaston, iß ein Stück Brot; das beruhigt. Und iß es zusammen mit deinem Sohn; das versöhnt. Ich will auch ein Stück Brot essen, um euch bei der Versöhnung zu helfen.« Dabei gab er jedem ein Stück Weißbrot. Und Gaston nahm das Brot, auch sein Sohn nahm das Brot. Und als sie davon aßen, sahen sie einander an, und der alte Bäcker lächelte beiden zu. Als sie das Brot gegessen hatten, sagte Gaston:»Komm, Junge, wir müssen an die Arbeit.«

© Eva Mertens

Auch wir sind eingeladen!
Eine unerhörte Geschichte über und mit Kindern

»Aus dem Weg. Geht doch aus dem Weg! Ich habe es eilig.« Der Händler drängte sich durch die Menschenmenge, die im Basar von Jerusalem ihren Geschäften nachging. Hier schrie einer:»Frische Feigen, ganz frische Feigen.« Und der gegenüber schrie:»Kauft hier frisches Obst und Gemüse. Ganz billig.« Die Menschen waren das gewohnt. Nur der Händler, der sich da so unverschämt durchdrängte, ärgerte sie. »Kannst du nicht aufpassen«, schrie ein Mann, den der Händler unsanft weggedrückt hatte. »Passen sie doch auf«, kreischte eine Frau, der fast der Einkaufskorb auf den Boden gefallen wäre. Aber das schien den Händler nicht zu beeindrucken. Er drängelte weiter. Er mußte es wirklich sehr eilig haben.

Als er endlich aus dem Gewühl des Basars herausgekommen war, atmete er tief durch. »Hoffentlich komme ich noch rechtzeitig. Hoffentlich haben die sich ihre Sachen nicht schon woanders gekauft.« Eilig ging er weiter Richtung Damaskustor. Dort wohnte Lukas, der Arzt, der bei ihm alles bestellt hatte für ein großes Fest. Was für ein Fest, wußte der Händler nicht. Nur, daß er viel verdienen konnte, wenn er die Sachen pünktlich lieferte.

Im Haus des Lukas ging es auch sehr geschäftig zu. Die Dienerinnen putzen alle Zimmer, die Diener sorgten für die Getränke und die Sitzkissen, in der Küche warteten die Köchin und ihr Personal auf den Händler. Als er kam, schimpfte die Köchin, daß er so spät die Waren brachte. Lukas kam in die Küche. »Schimpf doch nicht so fürchterlich, Penelope. Du brauchst doch kein Galabankett machen, sondern nur eine deiner guten Gemüsesuppen. Das langt uns. Die Hauptsache ist doch heute unser Jesusfest. Sorg nur dafür, daß genügend frisches Brot da ist.«»Ja Herr, es ist alles geregelt. Nur den Händler müßt ihr noch bezahlen. Aber zieht ihm ordentlich was ab, weil er so spät gekommen ist.«

Lächelnd ging Lukas hinaus in den Hof. Dort saß der Händler auf einem Stein. Er hatte gehört, was Penelope gesagt hatte und befürchtete, daß ihm Lukas nur wenig bezahlen würde.»Hier sind die vereinbarten 100 Denare. Ich hoffe, daß es genug ist. Wenn du mehr geliefert hast, sag es. Ich will es bezahlen.« Lukas gab ihm den Beutel mit dem Geld.»Ihr zieht mir nichts ab. Ihr bezahlt alles?«, fragte der Händler erstaunt.»Natürlich bezahle ich alles. Du hast es doch auch gebracht. Und es ist alles frisch. Weißt du, wir feiern heute abend ein Jesusfest. Es kommt sogar der Apostel Petrus.«»Ein Jesusfest? War Jesus nicht der, den sie vor Jahren ans Kreuz genagelt haben?«»Ja, das war Jesus. An ihn denken wir heute abend bei unserem Fest. Wenn du willst, komm doch auch mit deiner Familie. Alle sind eingeladen.« »Ich werde es mir überlegen, Herr«, sagte der Händler und machte sich schnell auf den Weg.

Es wurde Abend und die Gäste kamen. Lukas begrüßte jeden am Tor und führte ihn ins Haus.»Eßt von der Gemüsesuppe. Es dauert noch, bis Petrus kommt. Dann feiern wir das Jesusfest.« Der Saal im oberen Stockwerk füllte sich. Männer, Frauen und auch Kinder saßen oder standen herum und aßen von der köstlichen Suppe. Langsam wurde es eng im Saal. Nur noch die Plätze von Lukas, Petrus und für die Ältesten der Gemeinde waren frei. Im Saal war auch der Händler mit seiner Frau und den beiden Kindern.

Plötzlich stand ein Junge vor ihnen und sagte zu den Kindern:»Ich bin Simon, der Sohn von Lukas. Kommt doch mit nach draußen, da können wir spielen, bis Petrus kommt.«»Ich heiße auch Simon«, sagte der Händler, »und das sind Markus und Ruben. Geht mit Simon, aber kommt dann wieder.« Schnell liefen die Kinder raus. Im Garten hinter dem Haus spielten sie Verstecken und Fangen.

Plötzlich wurde es ganz leise im Saal. Petrus war gekommen mit den Ältesten der Gemeinde. Er war sehr alt geworden und mußte sich auf einen Stock stützen. Auch er aß etwas von der Gemüsesuppe. Dann fragte er Lukas:»Hast du alles so vorbereitet, wie es sich gehört.«»Gewiß Petrus. Alles ist vorbereitet für unser Jesusfest.«»Gut, dann laßt uns beginnen mit Singen und Beten.« Lukas stimmte die Lieder an, die sie in der Gemeinde zum Lobe Gottes des Schöpfers sangen. Einer der Ältesten sprach ein Gebet und erzählte dann, was in der Gemeinde los war und was neu zu regeln sei. »Ganz wichtig ist es, daß wir jemanden finden, der ein so großes Haus wie Lukas besitzt und der uns erlaubt, dort Gottesdienste zu feiern. Ich weiß sonst nicht mehr, wie wir alle zusammenkommen können zu unserem Jesusfest. Es werden jedesmal mehr.«

Es war wirklich nicht leicht, so jemanden zu finden. Vorschläge wurden gemacht und wieder verworfen. »Ihr könnt auch bei mir feiern«, sagte der Händler Simon. Zuerst hatten es nur die Leute gehört, die neben ihm standen. Die schrieen es gleich ganz laut nach vorne, so daß es auch der Älteste hörte. Der winkte Simon zu sich. Simon erzählte, daß in seiner Halle oben genug Platz wäre für alle. Es müßte nur sauber gemacht und eingeräumt werden. Die Ältesten waren froh, das zu hören. »Ich werde dafür sorgen, daß das alles geschieht«, sagte Lukas. »Jetzt sollen alle hereinkommen. Das Jesusfest beginnt.«

Die Kinder hatten sich vor der Türe des Saals gesetzt. Draußen war es zum Spielen zu dunkel geworden. Sie hörten die Worte von Lukas. »Kommt, wir gehen auch rein und feiern mit«, sagte Simon zu seinen Spielkameraden. Sie gingen in den Saal und setzten sich zwischen die Ältesten. Vor Petrus stand ein Tisch, darauf Körbe mit frischem Brot und Krüge mit Wein. Gespannt schauten alle zu Petrus. Sie wußten, daß er gleich anfangen würde mit der Erzählung zum Jesusfest.

»Die Kinder sollen gehen«, rief plötzlich einer aus der Mitte des Saales. »Sie gehören nicht hierher«, rief ein anderer. »Nur für uns Erwachsene ist das Jesusfest. Jesus hat es mit den Jüngern gefeiert und nicht mit Kindern.« Immer mehr stimmten dem zu. »Schick die Kinder raus«, bat der Älteste Lukas. Aber Lukas schüttelte den Kopf. »Nein, das ist nicht richtig. Jesus hat uns alle lieb, auch die Kinder. Sie gehören in unsere Gemeinde.« »Zur Gemeinde schon. Aber wenn wir das Jesusfest feiern, waren sie noch nie dabei. So soll es auch heute sein.« Lukas dachte nach. So etwas war noch nie passiert. Was sollte er tun?

Er blickte zu Petrus. Der saß mit gesenktem Kopf da, so, als ob er es gar nicht mitbekommen würde. »Was ist jetzt. Schickt die Kinder raus, damit wir das Jesufest feiern können.« »Nein, wir gehen nicht raus. Wir gehören doch dazu.« Der kleine Simon stand mit erhobenem Kopf da. Er wollte sich nicht wieder abschieben lassen. Jedesmal war es so. Immer mußten die Kinder rausgehen und von draußen zuhören, wie die Erwachsenen das Jesusfest feierten. Diesmal nicht, es ist ja unser Haus, so dachte sich Simon. Erwartungsvoll blickte er zu seinem Vater. Aber der war ratlos und blickte stumm zu Boden. Simon blickte zu Petrus. Der saß da und wußte nicht so recht, was er sagen sollte. Das hatte er noch nicht erlebt, daß bei einem Fest die Kinder rausgehen mußten. Die Atmosphäre war gespannt. »Was ist jetzt?«, rief einer aus dem Saal. »Sie sind noch zu klein. Sie verstehen doch nicht, was das Jesusfest bedeutet.«

Simon bückte sich zu den übrigen Kindern. »Wir lassen uns nicht so einfach abschieben. Wir müssen jetzt zusammenhalten. Macht alles nach, was ich euch sage.« Die Kinder nickten. Sie fühlten, daß es hier um etwas ganz Wichtiges ging.

Auf einmal stand einer der Ältesten auf, nahm Simon und das Kind neben ihm an die Hand und wollte sie hinausführen. »Nein, laß los. Du tust mir weh«, rief Simon so laut er konnte. »Auch wir sind eingeladen, weil wir zu Jesus gehören. Ihr dürft uns nicht einfach rausschicken. Das hätte Jesus auch nicht getan.« Simon wehrte sich verzweifelt. Tränen stiegen ihm in die Augen, Tränen der Wut und der Enttäuschung. Warum tut denn Vater nichts, dachte er verzweifelt. Er ist doch sonst immer für mich da. Der Älteste hatte schon fast die Türe erreicht, da hob Petrus den Kopf. »Halt, laß sie los. Der kleine Simon hat Recht. Jesus hat die Kinder nicht weggeschickt. Ganz im Gegenteil. Und daß er mit uns Jüngern das Abendmahl feierte, lag daran, daß alle unsere Kinder zu Hause bei unseren Frauen waren.«

Es war so still geworden im Saal, daß alle hörten, wie Simon sich die Handgelenke rieb und dabei leise zu sich sagte: »Auch wir Kinder sind eingeladen. Jesus hätte bestimmt nichts dagegen, wenn wir sein Fest mitfeiern.« »Sei doch ruhig, dich hat keiner gefragt«, zischte eine Frau. Weil es so leise war, hatten alle es gehört.

Da stand Petrus auf, stützte sich auf seinen Stock und sagte: »Was wir bisher getan haben, war falsch. Ich schäme mich dafür. Mir ist wieder die Geschichte eingefallen, die ich euch erzählen muß. Es war ein schöner Sommertag, als Jesus und wir Jünger in der Nähe des Sees Genezareth waren und uns unter einem Baum ausruhten. Es war wunderschön ruhig. Jeder von uns hing seinen Gedanken nach. Jesus lag da und hatte die Augen geschlossen. Ich dachte, daß er schlief. Auf einmal hörten wir ein lauter werdendes Geschrei. Von dem Dorf hinter dem Hügel kam es. Es dauerte nicht lange, da sahen Jakobus und ich die Menschen, die auf uns zurannten. Lauter Frauen waren es mit ihren Kindern. Jakobus, Andreas und ich sahen uns an. Wie auf ein Kommando sprangen wir auf und liefen den Frauen entgegen. »Bleibt weg«, riefen wir ihnen zu. »Bleibt weg. Geht zurück. Hier habt ihr nichts verloren.« Erschrocken blieben die Frauen stehen. »Wir haben gehört, daß Jesus von Nazareth hier ist. Wir wollen zu ihm. Laßt uns durch.« Und sie begannen, an uns vorbei auf Jesus zuzulaufen. In der Zwischenzeit waren auch noch Judas und Timotheus zu uns gelaufen. Gemeinsam versuchten wir die Frauen und die schreienden Kinder von Jesus wegzuhalten. »Laßt uns zu Jesus«, schrien die Frauen. Und wir schrien sie an: »Haut ab, kehrt zurück in euer Dorf. Jesus braucht seine Ruhe. Und außerdem haben Frauen und Kinder bei Jesus nichts zu suchen.«

Plötzlich hörten wir die Stimme von Jesus. Erschrocken blieben wir stehen. In so einem Ton hatten wir ihn noch nie reden hören. »Hört auf, die Frauen und Kinder wegzutreiben. Woher wollt ihr wissen, daß sie nichts bei mir zu suchen haben? Ihr stellt euch gegen mich. Ihr stellt euch gegen die Liebe meines Vaters zu allen Menschen. Seid ihr denn von Sinnen?« Dann ging Jesus zu den Frauen und Kindern und führte sie in den Schatten unter dem Baum. Die Frauen erzählten ihm ihre Sorgen. Er tröstete sie und machte ihnen Mut. Die Kinder krabbelten auf seinem Schoß herum, umarmten ihn, zupften an seinem Gewand und eines machte sogar die Riemen von seinen Sandalen auf. Jesus lachte mit den Kindern, streichelte sie und umarmte sie so, wie sie ihn umarmten. Das ging mehrere Stunden so. Jedes Kind nahm Jesus in den Arm, legte ihm seine Hand auf und segnete es. Es wurde Abend und die Frauen gingen mit ihren Kindern zurück ins Dorf.

Wir standen dabei und wußten nicht so recht, was wir sagen oder tun sollten. Jesus sah uns an und sagte dann: »Auch die Kinder und die Frauen können zu mir kommen. Wehrt sie nie mehr ab, denn ihnen gehört das Himmelreich. Habt ihr gesehen, wie sie zu mir gekommen sind? Voller Hoffnung und Vertrauen. Und habt ihr sie gesehen, als sie wieder gegangen sind: voller Freude, mit lachenden Gesichtern und strahlenden Augen. So sollten alle Menschen sein.«

Wir haben darüber mit Jesus nicht mehr gesprochen. Aber was er wollte, war uns allen klar geworden: Jesus macht keinen Unterschied zwischen Mann und Frau und Kind. Alle dürfen zu ihm kommen. Deshalb ist es Unrecht, daß wir die Kinder rausschicken. Jesus hat das nicht gemacht.«

Petrus setzte sich wieder. Die Rede hatte ihn angestrengt. Alle Männer und Frauen dachten darüber nach. Wenn das so war, dann gab es tatsächlich keinen Grund, die Kinder rauszuschicken. Der kleine Simon und die Kinder standen immer noch bei der Türe. Er flüsterte den anderen etwas zu und auf einmal begannen alle zu singen: »Auch wir sind eingeladen, zum Tisch mit Gottes Gaben. Brot zum Essen, Wein zum Trinken, Gaben des neuen Lebens« (S. 176). Fröhlich zogen sie mit ihrem Lied zurück zu ihren Plätzen.

Lukas blickte voller Stolz auf seinen Sohn. Er hat Recht, dachte er, an Jesu Tisch haben alle Platz. Schade, daß wir Erwachsenen das nicht von Anfang an verstanden haben.

Die Fröhlichkeit der Kinder wirkte auf alle anderen im Saal ansteckend. Zuerst summten ein paar die Melodie mit, dann sangen sie mit und am Ende sangen alle das Mutmachlied der Kinder. Dann feierten sie gemeinsam das Jesusfest. Und es wurde wie immer ein sehr feierliches, diesmal aber auch ein fröhliches Jesusfest. »So soll es auch bei mir sein«, sagte am Ende Simon, der Händler, zu Lukas. »Ich freue mich auf das Fest und ich freue mich, daß auch ich von Jesus eingeladen bin.«

Der schönste Tag in meinem Leben
Rut, die Tochter des Zachäus erzählt

Ich bin Rut. Ihr kennt mich noch nicht und die Großen fanden mich nicht so wichtig, daß sie meinen Namen aufgeschrieben hätten. Obwohl, wenn ich nicht gewesen wäre ...

Das war der schönste Tag in meinem Leben. Nie werde ich ihn vergessen. Der Tag, an dem Jesus in unser Haus kam. Dabei hat der Tag gar nicht schön angefangen. Ich hatte Streit mit meinen Eltern. Immer, wenn ich in die Stadt will, gibt es Streit. Manchmal fällt mir die Decke auf den Kopf in unserem Haus, weil ich immer allein bin. Ich habe keine Freunde. Und ohne Freunde macht alles keinen Spaß.

Also bin ich weggelaufen. Neben dem Tor wächst ein Strauch, da kann ich über die Mauer klettern. Vorsichtig schlich ich zum Brunnen. Wenn mir Kinder entgegenkamen, ging ich auf die andere Straßenseite. Manchmal riefen sie mir böse Worte hinterher. Ihre Eltern verboten ihnen, mit mir zu spielen.

In der Stadt herrschte eine große Unruhe. »Jesus kommt nach Jericho.« Wie ein Lauffeuer verbreitete sich die Nachricht. Ich suchte mir einen guten Platz, von dem aus ich die Straße einsehen konnte und wartete. Auf einmal hörte ich die Stimme meines Vaters: »Laßt mich doch durch. Ich will auch etwas sehen.« Die Leute wurden böse: »Ha, seht euch den kleinen Gernegroß an. Er will hier durch. Los, hau ab. Geh zurück zu deinem Stadttor und zähl dein Geld. Für einen wie dich ist hier kein Platz!« »Bitte, laßt mich durch.« Aber keiner ließ ihn durch. Da kletterte ich von dem Baum herunter, krabbelte durch die Beine der Leute, faßte meinen Vater an der Hand und zog ihn zu dem Baum. Es war ein Maulbeerbaum und auf seinen breiten Ästen konnte man gut sitzen. Oft saß ich dort oben und habe den Kindern beim Spielen zugeschaut. Mitspielen konnte ich nicht, weil die anderen Kinder riefen: »Hau ab Rut, mit einer wie dir dürfen wir nicht spielen.«

Als wir vor dem Baum standen, sagte ich zu Vater: »Steig hinauf!« Erst schaute er mich ganz ungläubig an, aber dann stieg er hinauf. Ich selbst stellte mich an den Brunnen neben dem Baum. Es dauerte nicht lange, da begannen die Leute still zu werden und auf eine Gruppe von Menschen zu deuten, die die Straße hochgingen. »Der dort, das ist Jesus«, sagten zwei Frauen und deuten auf den Mann in der Mitte der Gruppe. »Alles wird anders, wo er ist. Blinde sehen wieder, Lahme können wieder gehen, Kranke werden gesund. Schaut, da ist ja auch der Blinde vom Stadttor. Seht nur, wie seine Augen strahlen vor Glück.«

Inzwischen kam Jesus bis zum Brunnen. Er blieb stehen und schaute hoch in den Maulbeerbaum. Und dann, stellt euch vor, rief er den Namen meines Vaters: »Zachäus, komm herunter. Ich will heute in dein Haus kommen und dein Gast sein.« Mein Vater kletterte rasch vom Baum herunter. Er war sehr aufgeregt, schaute Jesus mit großen Augen an und ging dann voraus. Jesus und die Männer bei ihm folgten nach.

Warum Jesus ausgerechnet zu uns wollte? Sicher, unser Haus ist das größte in der Stadt. Aber mir gefällt das Haus nicht. Es ist groß, dunkel und leer. Ich habe immer ein wenig Angst darin. Um das Haus herum ist eine hohe Mauer mit einem schweren Tor, das immer geschlossen ist. Weil Vater Angst hat vor den Menschen in der Stadt. Reich ist er geworden von ihrem Geld. Aber unglücklich ist er auch dabei geworden. Und jetzt will Jesus in unser Haus kommen. Ob es dann endlich anders wird in diesem Haus? So wie bei dem Blinden, der wieder sehen kann? Und ob Mama wieder lachen kann so wie früher, als Vater noch nicht Zöllner war? Ich war vorsichtig und hielt ein wenig Abstand. Da hörte ich die Leute sagen: »Zu diesem Sünder muß er gehen! Das gehört sich nicht. Mit Betrügern darf man nichts zu tun haben.« Jesus schien das Gerede nicht zu stören. Er ging ruhig zu unserem Haus, trat durch das Tor in den Hof und ging hinein. Bald folgte ich nach.

Drinnen begann gerade ein Festessen. Vater hatte schnell die Tische decken lassen mit dem, was im Haus war: Obst, Brot, Käse und Wein. Plötzlich stand er auf und sagte zu Jesus: »Ich kann so nicht mehr weiterleben.

Das ist kein Leben. Ich will alles anders machen. Die Hälfte meines Besitzes will ich den Armen geben. Ich habe viele Menschen betrogen. Dieses Geld will ich vierfach zurückgeben.«

Jesus schaute meinen Vater an. Dann stand auch er auf und sagte so laut, daß es alle hören konnten: »Zachäus, heute ist neues Leben in dieses Haus eingekehrt. Du gehörst zu Gott. Du bist ein Kind Abrahams genauso wie alle Menschen in Jericho. Ich komme zu den Menschen, die verloren sind, damit ich sie für Gott wiederfinde.« Bei den letzten Worten schaute Jesus auch zu mir her. Ob jetzt wirklich alles besser werden wird? Ich wünschte es mir sehr.

Viele von denen, die mit zu unserem Haus gekommen waren, waren total wütend. Sie schimpften auf Jesus und gingen voller Zorn nach Hause. Aber einige sind auch dageblieben und haben mit uns gefeiert. Es wurde ein schöner Tag. Seit diesem Tag lachten meine Eltern wieder und auch das Tor blieb offen. Dieses Tor, das so lange geschlossen war. Das Tor, das Jesus aufgemacht hat. Ob ich wohl auch neue Freunde finden werde? Das war mein größter Wunsch an diesem Tag. Dem schönsten Tag in meinem Leben.

Tischgemeinschaft ohne Grenzen
Levi und die Geschichte vom großen Abendmahl

Es ist später Abend, ja eigentlich schon Nacht. Levi sitzt allein im Innenhof seines Hauses. Vor ihm steht der große Tisch. Ein paar übriggebliebene Früchte, etwas Brot in den Körben, leere Becher und ein Weinkrug zeigen, daß hier ein großes Fest mit vielen Menschen stattgefunden hat.

»Welch ein Tag«. Levi gießt sich den letzten Rest Wein aus dem Krug ein. »Welch ein schöner Tag.«

Dabei hatte der Tag gar nicht schön begonnen. Am Zoll hatte es Streit gegeben. Eine Gruppe von Kaufleuten waren mit der Höhe des Zolls nicht einverstanden. »Du gottloser Sünder!«, so beschimpften sie ihn. Diese Worte trafen ihn hart. Tief in seinem Inneren war er sich unsicher geworden, ob es richtig gewesen war, die Zollstation von den Römern zu übernehmen. Seitdem mieden ihn die Menschen, besonders die angesehenen Bürger der Stadt. Sogar viele seiner alten Freunde ließen sich nicht mehr sehen. Er gehörte nicht mehr dazu.

Manchmal hatte er große Lust, alles hinzuschmeißen. Aber auf der anderen Seite war er auch ganz schön reich geworden als Zöllner. Ob der Reichtum wirklich all das wert war, was er dafür verloren hatte?

Gedankenverloren saß er vor seinem Zollhaus, als diese Gruppe von Männern kam. Es war Jesus mit seinen Jüngerinnen und Jüngern. Schon auf den ersten Blick sah er, daß da nicht viel zu holen war. Es war ein Rabbi mit seinen Schülern. Einige Leute folgten ihm. Aber das waren auch arme Teufel. Sie besaßen nur das, was sie auf dem Leib trugen. Also winkte Levi sie durch. Von einem Rabbi mit dem Namen Jesus erzählten sich die Leute wundersame Dinge. Er konnte Kranke heilen. Und er konnte so von Gott erzählen, daß man ihm stundenlang zuhören konnte. Dem wäre er gerne begegnet.

Offenbar hatte Jesus gespürt, daß Levi ihm nachblickte. Er blieb plötzlich stehen, drehte sich um, ging die paar Schritte zurück zu Levi und sagte: »Levi, folge mir!« Levi stand einfach auf, ließ Zollstation Zollstation sein und folgte Jesus. Lange sprachen sie miteinander. Dann sagte Levi zu Jesus: »Kommt zu mir in mein Haus und eßt bei mir.« Er wartete erst gar nicht die Antwort ab, sondern rannte gleich los, um alles vorzubereiten. Erst zu Hause dachte er bei sich: »Ob Jesus wirklich kommt? Zu mir in mein Haus? Er weiß doch, wer ich bin.«

Jesus und die Männer und Frauen, die bei ihm waren, kamen tatsächlich. Es wurde ein schönes Fest. Als die meisten satt waren, gingen einige der Jünger vor das Haus. Dort stand ein Schriftgelehrter. Er winkte sie heran. »Ist das wirklich Gottes Wille, daß Jesus zu diesem Sünder ins Haus geht und sich mit ihm an einen Tisch setzt?« Die Jünger konnten keine Antwort geben und luden ihn deshalb ein, ins Haus zu Jesus zu kommen.

Leise sprachen sie mit Jesus. Dann stand Jesus auf und sagte: »Von einem Fest will ich euch erzählen. Der Gastgeber hatte liebe Freunde eingeladen. Alles war vorbereitet. Die besten Speisen und Weine standen bereit. Er freute sich darauf, seine Freunde wiederzusehen. Also schickte er den Diener los, um seine Freunde an ihr Kommen zu erinnern: Kommt, es ist alles bereit. Diese gute Nachricht sollte der Diener den geladenen Gästen überbringen.

Der Gastgeber freute sich sehr auf die Gäste. Aber allein kehrte der Diener zurück. ›Stell dir vor, sie lassen sich alle entschuldigen. Sie können nicht zu dem Fest kommen. Der eine hat einen Acker gekauft und muß ihn sich nun ansehen. Der andere will ein Paar Ochsen kaufen. Der Dritte heiratet gerade. Und auch die anderen haben gewichtige Gründe, um nicht kommen zu können.‹

Da war der Gastgeber sehr enttäuscht. Was sollte nun werden mit den Speisen und Getränken. Wo doch alles so schön vorbereitet war. ›Geh hinaus in die Straßen. Lade jeden ein, den du triffst. Die Armen, die Behinderten, die Blinden, die Kranken, die Krüppel. Wen immer du triffst, lade ihn ein. Denn mein Haus soll voll werden.‹

Nach einiger Zeit kamen die ersten. ›Kommt herein, feiert mit mir‹, sagte der Gastgeber. Unsicher betraten die Menschen, mit denen sonst keiner etwas zu tun haben wollte, den Festsaal. Sie konnten es kaum glauben. Ob sich da vielleicht jemand mit ihnen einen bösen Scherz erlaubte? Ängstlich schauten sie einander an. Aber allmählich begannen sie zu lächeln. Zuerst nur ein kleines bißchen, aber dann immer mehr. So etwas Tolles hatten sie noch nie erlebt. ›Seid meine Gäste. Feiert mit mir ein schönes Fest.‹ Und dann feierten sie ein Fest, das keiner mehr von ihnen vergessen sollte. ›Ihr seid gekommen. Die, die ich eingeladen habe, sind nicht gekommen. Sie haben nicht gespürt, wie wichtig mir diese Einladung ist. Freut euch mit mir.‹

In den Gesichtern der Menschen war mit einem Mal ein Leuchten zu sehen, wie es schon lange nicht mehr zu sehen war. Sie strahlten vor Freude, sie glühten vor Glück, sie waren voller Hoffnung und Zuversicht, daß ihr Leben von nun ab anders werden sollte.«

Jesus hörte auf zu reden. Der Schriftgelehrte schaute in die Gesichter der Menschen, die am Tisch im Haus des Levi saßen. Auch sie strahlten Freude und ein Glück aus, das vorher nicht zu sehen war. Dann sah er Levi in die Augen. Und er sah eine solche Freude, daß er wußte: Levi ist ein anderer Mensch geworden.

Der Schriftgelehrte ging wortlos weg. Nach und nach verabschiedeten sich die Menschen von Levi und dankten ihm für das Fest. »Nicht mir müßt ihr danken. Dankt Jesus, daß er in mein Haus gekommen ist. Ohne ihn hätten wir das Fest nicht gefeiert und die Geschichte nicht gehört.«

Jesus und seine Freunde legten sich auf den vorbereiteten Nachtlagern zu Ruhe. Es war spät geworden und alle waren müde. Nur Levi nicht. Tausend Gedanken schossen ihm durch den Kopf. Levi schaute auf den Tisch mit den Essensresten. »Welch ein Tag. Jesus ist in mein Haus gekommen. Zu mir dem Sünder. Er hat mit mir Tischgemeinschaft gehalten. Er war wie der Gastgeber in der Geschichte. Er hat Gottes Liebe zu mir gebracht. Ich gehöre auch zu Gott.« Darüber mußte Levi nachdenken und auch darüber, was sich von diesem Tag an ändern sollte in seinemLeben. Einem neuen Leben.

Der Wegbegleiter
Eine Erzählung zu Lukas 24,13–45 zur Vorbereitung und Einsetzung des Abendmahls

Es war einer jener Augenblicke im Leben, die man nie mehr vergißt, weil sie sich so tief ins Innere einprägen wie sonst kaum etwas. Einer jener Augenblicke, in denen alles ganz anders wird als es gerade ist, in denen das Leben einen riesigen Sprung nach vorne macht.

Ein kaum hörbares Knacken hatte diesen Augenblick ausgelöst. Ein Knacken, das die beiden Männer schon so oft gehört hatten, aber dem sie sonst keine große Bedeutung zugemessen hatten. So sehr gehörte es zu ihrem Leben dazu. Das Knacken, das zu hören ist, wenn Brot gebrochen wird.

In diesem Augenblick waren sie sich ganz sicher: Jesus war bei ihnen. Die ganze Zeit schon hatten sie so ein Gefühl gehabt in ihrem Herzen, als sie die Worte des Fremden, der sich zu ihnen gesellt hatte, hörten. Ihr Wegbegleiter hatte sie in einer ihnen so vertrauten Art angesprochen, die sie anfangs etwas irritierte, ihnen dann aber sehr gefiel. Wie konnte es bloß sein, daß sie ihren Begleiter auf dem Weg nach Emmaus nicht erkannt hatten? Warum brauchte es erst die Begegnung im Haus, den Beginn der Tischgemeinschaft, bis sie ihn, Jesus, erkannten?

Während der Wegstrecke hatte er ihnen Worte gesagt, die das Dunkel in ihren Herzen vertrieben. Die Freude vergangener Tage war wieder geweckt worden, die vielen schönen Erinnerungen an die gemeinsame Zeit mit Jesus waren in ihnen hochgestiegen, wie die Sonne am Morgen hochsteigt und die Dunkelheit vertreibt. Sie waren so begeistert von diesen Erinnerungen, daß sie ihren Weggefährten mit ins Haus gebeten hatten, um von ihm noch mehr zu hören im Laufe des Abends.

Als sie das Knacken des brechenden Brotes hörten, da waren sie dann doch überrascht. Damit hatten sie überhaupt nicht gerechnet: Jesus ist bei ihnen. Sie schauten zu dem Platz, aber da saß keiner mehr. Nur das gebrochene Brot lag dort. »Wieso, ...wieso haben wir es nicht früher gemerkt?« Beide bewegte dieser Gedanke, aber keiner wußte eine Antwort. »Was sollen wir jetzt tun? ... Wir müssen sofort zurück nach Jerusalem und den anderen davon erzählen.« Beide sprangen auf, packten das Brot in die Reisetasche und gingen, nein rannten fast den Weg zurück. In Jerusalem eilten sie zu dem Haus, das sie vor Stunden verlassen hatten, klopften an die Türe: »Laßt uns ein, schnell. Macht auf, beeilt euch.«

In dem Zimmer saßen die anderen: traurig, verzweifelt, hoffnungslos. Aufgeregt erzählten die beiden, was ihnen passiert war. Und während des Erzählens passierte den Hörenden das, was ihnen passiert war. Die Verzweiflung, Trauer, Mutlosigkeit, die Gefühle von Verlassenheit, Einsamkeit, Bedeutungslosigkeit wichen zurück vor der Erinnerung an die schönen Zeiten mit Jesus. Jede und jeder erinnerte sich an eine andere Geschichte.

Als die beiden erzählten, wie Jesus das Brot brach, rief einer: »Laßt uns das Mahl Jesu feiern!« Alle stimmten zu. Brot und Wein wurden geholt und auf den Tisch gestellt. Kleophas, der Älteste unter ihnen, nahm das Brot, sprach das Dankgebet und brach das Brot. »Wißt ihr noch, was uns Jesus dazu sagte? Nehmt und eßt, das ist mein Leib (Kreuzeszeichen), der für euch gegeben wird. Wenn ihr beieinander seid, dann erinnert euch an mich und ich werde bei euch sein im Brot.« Dann gab Kleophas das Brot weiter und sagte: »Jesus Christus, das Brot des Lebens.«

(Weitergabe des Brotes mit einem Gebewort, z. B. Christi Leib, für dich gegeben; Brot des Lebens, für dich gegeben; o. ä.; anschließend weiter mit der Geschichte)

Nachdem alle von dem Brot gegessen hatten, nahm Kleophas den Kelch mit dem Wein, sprach das Dankgebet und sagte: »Wißt ihr noch, was uns Jesus dazu sagte? Nehmt und trinkt alle aus diesem Kelch. Er ist das Zeichen des neuen Bundes, den ich für euch eingehen werde. In diesem neuen Bund könnt ihr mit Gott und untereinander versöhnt leben. Daran erinnert euch und ich werde bei euch sein.« Dann reichte er den Kelch weiter mit den Worten: »Der Kelch des Lebens, für dich gegeben.«

(Weitergabe des Kelches mit einem Gebewort, z. B. Christi Blut, für dich vergossen; Der Kelch des Heils, für dich gegeben, o. ä.)

Nach der Feier waren sie alle fröhlich. Die Ereignisse der vergangenen Tage mit all ihren Belastungen und Dunkelheiten waren nicht vergessen. Aber die Freude an der Gemeinschaft mit Jesus stärkte sie und machte sie zuversichtlich für alles, was sie weiter erleben sollten.

Brannte nicht unser Herz?
Eine Geschichte zu Lukas 24,13–45 mit Einsetzung und Feier des Abendmahls

Mit schweren Schritten gingen Jakobus und Johannes aus der Stadt Jerusalem weg nach Emmaus, einem Dorf. Dort stand ein kleines Haus, das sie von ihrem Vater geerbt hatten. Sie wußten nicht, wohin sie sonst gehen sollten. Man sah ihnen an, daß sie sehr bedrückt und traurig waren, daß sie eine große Last mit sich trugen. Eine Last, die aber unsichtbar auf ihren Schultern lag. Alles hatten sie verloren, was ihnen wichtig war. Ihr ganzes Leben hatten sie mit Jesus geplant. Und nun war Jesus von den Schriftgelehrten und Hohenpriestern verurteilt worden zum Tod am Kreuz. Von weitem hatten sie gesehen, wie Jesus am Kreuz starb. Dann waren sie weggerannt. Weil in dem Moment, in dem Jesus starb, auch ihr Leben wie tot wurde.

Mit den anderen Jüngern waren sie zusammengesessen. Aber nach drei Tagen hielten sie die Traurigkeit und Ratlosigkeit der anderen Jüngerinnen und Jünger nicht mehr aus. Deshalb machten sie sich auf den Weg nach Emmaus, um dort zur Ruhe zu kommen und nachzudenken, wie ihr Leben jetzt weitergehen sollte.

Schweigend gingen sie nebeneinander her. Jeder hing seinen Gedanken nach. »Weißt du noch die Geschichte, als Jesus das erste Mal zu uns kam und uns aufforderte, mit ihm zu gehen?« Jakobus nickte stumm. »Und du. Weißt du noch die Geschichte, als Jesus den Bartimäus heilte?« Daran konnte sich Johannes noch sehr gut erinnern. »Ich habe so sehr darauf gehofft, daß er endlich das lange verheißene Friedensreich aufrichten wird.« Johannes begann leise zu weinen, die Erinnerung an die schönen Zeiten mit Jesus übermannte ihn.

Schweigend gingen sie weiter, blieben ab und zu stehen, sagten sich die eine und andere Erinnerung und gingen wieder weiter. Ohne daß sie es merkten, ging auf einmal ein dritter Mann zwischen ihnen. »Was seid ihr denn so traurig? Es ist doch so ein schöner Tag. Freut euch doch.« Erschrocken schauten Jakobus und Johannes hoch. Wo war der Fremde plötzlich hergekommen? Jakobus blieb stehen. »Sag, weißt du nicht, was in den vergangenen Tagen in Jerusalem passiert ist? Hast du nichts davon mitbekommen, daß sie Jesus, unseren Meister, ans Kreuz geschlagen haben?« Und Johannes sagte: »Weißt du, er war unser ganzes Leben. Es war so schön, mit ihm zusammen zu sein. Wunderbare Dinge hat er getan. In Worten, die ich nie vergessen werde, hat er uns von Gott erzählt. Und jetzt ist er tot.« Mit Tränen in den Augen ging Johannes weiter.

Jakobus und der Fremde folgten.»Aber wißt ihr denn nicht, was in der Heiligen Schrift über Jesus geschrieben steht?« Und dann begann der Fremde den beiden aus der Bibel zu erzählen. Während er erzählte, wurde es den beiden Jüngern immer leichter ums Herz. Die schwere Last, die unsichtbar auf ihnen lag, wurde auf eine unerklärliche Weise leichter und leichter. Die Schatten der Traurigkeit, der Ratlosigkeit und der Verzweiflung wurden kleiner mit jedem Wort, das sie von dem Fremden hörten. Die Zeit verging so schnell, daß sie gar nicht merkten, als sie Emmaus erreichten. Am Brunnen, mitten im Dorf, blieb Jakobus stehen.»Wir sind an unserem Ziel. Fremder, bleibe bei uns, denn es ist schon Abend geworden. Du kannst bei uns schlafen und morgen weitergehen.« Der Fremde nickte. Eilig gingen sie zu ihrem Haus. Drinnen wischte Johannes den Staub von den Stühlen und dem Tisch, während Jakobus einen Krug mit frischem Wasser holte.

Dann setzten sie sich an den Tisch.»Wir haben leider nichts anderes als dieses Stück Brot und den Krug mit Wasser«, sagte Jakobus.»Aber wir wollen alles mit dir teilen. Und dann erzähle uns weiter.«

Der Fremde nahm das Brot, das Jakobus auf den Tisch gelegt hatte und brach es. Als Jakobus das leise Knacken des Brotes hörte, da fiel es ihm wie Schuppen von den Augen.»Jesus, du?« Aber auf dem Platz ihm gegenüber saß keiner mehr. Nur das gebrochene Brot lag dort. Mit großen Augen schauten sich die beiden Jünger an. Es brauchte eine Zeitlang, bis sie es wirklich begriffen: der Fremde, der den Weg mit ihnen gegangen war, der ihnen so erzählt hatte, daß sie mehr davon hören wollten, das war Jesus.»Johannes, hast du es auch gespürt. Mein Herz brannte, als er uns die Geschichten erzählte. Aber ich habe ihn nicht erkannt. Was sollen wir jetzt tun?« Johannes wischte sich über die Stirn.»Jakobus, mir ging es genauso. Jedes Wort, das er sagte, machte mein Herz hell und fröhlich. Aber ich habe ihn nicht erkannt. Erst als er uns das Brot brach, so wie früher.« Einige Minuten saßen sie still da. Jakobus mußte an die Geschichte denken, als Jesus 5000 Menschen mit zwei Broten und fünf Fischen satt machte und dann noch zwölf Körbe übrig waren.»Wir müssen sofort zurück und den anderen sagen, daß Jesus lebt. Jakobus, hörst du? Wir müssen sofort nach Jerusalem zurück.« Jakobus nickte. Und dann machten sie sich auf den Weg.

Sie rannten fast nach Jerusalem, um noch vor dem Schließen der Stadttore da zu sein. In Jerusalem eilten sie durch die engen Gassen hin zu dem

Haus, in dem sich die anderen Jüngerinnen und Jünger versammelt hatten. Heftig klopfte Johannes an die Tür. »Macht auf, schnell. Laßt uns rein. Wir sind es, Johannes und Jakobus. Macht auf!« Als sich vorsichtig die Türe öffnete, stieß Johannes sie auf und drängte sich an Markus vorbei. In dem Zimmer saßen sie: Petrus, Andreas, Thomas und alle anderen. »Uns ist Jesus begegnet. Jesus lebt!«, sprudelte es aus Johannes heraus. Erstaunt hoben die anderen ihre Köpfe. »Ja, er hat recht. Wir haben Jesus gesehen«, sagte Jakobus. »Er war bei uns in Emmaus und hat uns das Brot gebrochen. Daran haben wir ihn erkannt.« Und dann erzählten Johannes und Jakobus alles, was sie gehört und gesehen hatten. Mit der Zeit verschwanden auch bei den übrigen die Traurigkeit und das Gefühl des Verlorenseins. Mitten drin sagte Petrus: »Laßt uns das Abendmahl feiern so wie Jesus es uns gesagt hat.«

Alle stimmten zu und bereiteten das Abendmahl vor. Brot und Wein wurden geholt und auf den Tisch gestellt. Erwartungsvoll setzten sich alle um den Tisch. Dann nahm Petrus das Brot, brach ein Stück davon ab und sprach darüber das Dankgebet, so wie es Sitte ist in Israel. »Herr, lebendiger Gott. Wir danken Dir für das Korn, das Du wachsen läßt und für das Brot, das wir daraus machen. Du gibst es uns, damit wir Kraft für unser Leben bekommen. Danke für das Brot.«

Dann schaute Petrus die anderen an. »Wißt ihr noch die Worte, die Jesus zu uns sagte, als wir mit ihm das Abendmahl gefeiert haben?« Die anderen nickten. Und dann sprach Petrus die Worte Jesu: »Nehmt und eßt von diesem Brot. Es ist das Zeichen dafür, daß ich (Kreuzzeichen über dem Brot) zur Erlösung der Menschen in den Tod gehen werde. Es ist das Zeichen für das neue Leben, das ich allen schenken will. Jedesmal, wenn ihr das Brot miteinander teilt, erinnert euch daran und feiert die Gemeinschaft des neuen Lebens.« Dann gab Petrus das Brot weiter und alle aßen davon.

Auch wir wollen so die Gemeinschaft mit dem lebendigen Gott feiern und uns das neue Leben schenken lassen, wenn wir jetzt das Brot miteinander teilen. Gebt einander das Brot weiter mit einem Gebewort, z. B. »Brot des Lebens, für dich gegeben« oder »Jesus Christus, für dich gegeben« oder ein anderes Wort.

(Miteinander das Brot essen)

Als alle gegessen hatten, nahm Petrus den Kelch mit dem Wein und sprach darüber das Dankgebet, so wie es Brauch ist in Israel. »Lebendiger Gott, Schöpfer aller Gaben. Wir danken Dir für alles, was Du uns zum Leben gibst. Auch für den Wein, mit dem Du unser Herz erfreust. Danke für den Wein.«

Dann schaute er die anderen an. »Wißt ihr noch die Worte, die Jesus zum Wein sagte, als wir mit ihm das Abendmahl gefeiert haben?« Die anderen nickten. Und dann sprach Petrus die Worte Jesu: »Nehmt und trinkt. Dieser Kelch ist das Zeichen des neuen Lebens, das ich (Kreuzzeichen über dem Kelch) allen Menschen schenken will. Jedesmal, wenn ihr aus dem Kelch trinkt, erinnert euch daran und feiert die Gemeinschaft des neuen Lebens.« Dann gab Petrus den Kelch weiter und alle tranken daraus.

Das wollen wir jetzt auch tun und uns den Kelch als Zeichen des neuen Lebens und der Gemeinschaft miteinander und mit Gott geben. Dabei sprechen wir uns wie vorhin beim Brot ein Gebewort zu, z.B. »Der Kelch des neuen Lebens, für dich gegeben« oder »Jesus Christus, für dich gegeben« oder ein anderes Wort.

(Miteinander den Wein/Saft trinken)

Als alle aus dem Kelch getrunken hatten, sprach Petrus ein Dankgebet. Auch wir wollen Gott danken für die Gaben, mit denen er uns und unserem Glauben Kraft gibt, mit denen er uns zusagt: »Ich bin bei euch alle Tage.«

Wir beten: »Gott, du Schöpfer allen Lebens. Mit den Gaben Brot und Wein/Saft haben wir Gemeinschaft mit dir und untereinander gefeiert. In Brot und Wein/Saft kommst du zu uns und gibst uns Mut, Zuversicht und Kraft für unser Leben und unseren Glauben. Dafür danken wir dir. Amen« (oder ein anderes Dankgebet, an das Dankgebet schließt sich der weitere Gottesdienst an).

Der Gang nach Emmaus

Meditation und Gestaltungsvorschläge zu einem Bild von Hans-Georg Annies

Das Bild von Hans-Georg Annies bietet besonders für Kinder, aber auch für Erwachsene, hervorragende Zugangsmöglichkeiten zum Abendmahl. Kinder lassen sich bereitwillig auf die genannten Vorschläge ein, die im Blick auf die örtlichen Möglichkeiten variiert werden können.

Der abgedruckte Meditationstext ist entstanden aus der Arbeit mit Kindern und nimmt deren Formulierungen auf.

Gestaltungsvorschläge:

- Die Kinder schauen sich in der Stille das Bild an und tragen dann gemeinsam zusammen, was sie entdeckt haben und wie sie das verstehen. Sie formulieren für sich die Botschaft des Bildes.

- Das Bild wird in mehrere Teile geschnitten wie bei einem Puzzle. Ein bis zwei Kinder bekommen ein Teil, betrachten und deuten es. Anschließend werden die Ergebnisse zu den einzelnen Teilen vorgestellt und das Bild zusammengesetzt. Die Einzelbetrachtungen werden nochmals besprochen im Blick auf das ganze Bild.

- Vom Bild wird ein Dia angefertigt. Das Dia kann mit allen Kindern gemeinsam betrachtet und erschlossen werden. Oder es werden nur einzelne Bildausschnitte (mit Papierstreifen entsprechend abdecken) angesehen und besprochen. Das Dia kann dann auch im Gottesdienst eingesetzt werden.

- Die Kinder deuten das Bild von den Farben oder Formen in Einzel- oder Gruppenarbeit.

■ Nach der Bildbetrachtung sollte auf alle Fälle die Emmaus-geschichte erzählt oder vorgelesen werden.

Schon beim ersten Betrachten zieht die Person im Vordergrund die Aufmerksamkeit auf sich. Übergroß sind die Augen, übergroß der Kopf auf einem schmächtigen Hals und Körper.

Besonders die Augen mit dem starren Blick wirken irgendwie unwirklich. Es scheint, als ob sie allein auf den Betrachter des Bildes gerichtet sind und diesen auf geheimnisvolle Weise fixieren.

Beim Blick auf die Hände und Füße mit den Nägelmalen wird sofort klar, wer diese Person ist: der auferstandene Jesus Christus.

Hinter ihm stehen zwei Männer. Auch ihre Köpfe und Augen sind im Vergleich zum Körper zu groß. Aber sie schauen nicht aus dem Bild heraus, sondern auf Jesus.

Die drei Männer stehen in einem grünen Farbfeld, das sich im Halbbogen durchs Bild zieht. In derselben Krümmung sind links und rechts davon je ein gelbes Feld. Es sieht so aus, als ob die drei Männer auf einer Straße mit großen Wegrändern stehen.

Ganz im Gegensatz zu diesen runden Formen stehen die kantigen Formen im Bild. Ein Haus, mehr im Umriß angedeutet durch die Wände und das Dach. Ein Haus mit einer viel zu großen Türe. Eigenartige weiße Kreise, vergleichbar hellen Lichtkreisen, umspannen diese Türöffnung.

In der Türöffnung steht ein Tisch. Unschwer sind die Gegenstände auf ihm zu erkennen: in der Mitte ein Buch, links eine Schale, rechts ein Kelch. Es fällt leicht, diese Gegenstände zu benennen: in der Mitte liegt die Bibel, links die Brotschale, rechts der Weinkelch.

Hinter dem Tisch ist ein eigenartiges Gebilde zu erkennen. Eine Kugel oder ein Kreis, etwa zu zwei Dritteln sichtbar. Auf der linken Seite gibt es einen dreiecksartigen Ausschnitt so ähnlich wie bei einem angeschnittenen Kuchen oder beim Abschnitt aus einem Käse.

Im Hintergrund ist ganz klar Golgatha, die Kreuzigungsstätte, zu erkennen. Ein Dreieck, den Hügel symbolisierend und die drei Kreuze, von denen das in der Mitte größer ist als die beiden Kreuze links und rechts davon.

Von einer ganz eigenen Anziehungskraft sind die Farben des Bildes.

Schwarz-rot ist der Hügel von Golgatha, schwarz-rot sind die Kreuze. Der Hintergrund dazu ist zum größten Teil ein tiefes Violett. Diese Farben finden sich wieder in der linken unteren Ecke und in dem Kreis oder der Kugel hinter dem Tisch.

Die Farben sprechen eine klare Sprache: Schwarz ist die Farbe des Todes, violett die Farbe der Buße und Sühne. Eindeutig die Botschaft: Jesus ist den Sühnetod gestorben. Er ist in den Tod und ins Grab gegangen. Rot ist die Farbe des Blutes und der Liebe. Sein Blut hat er am Kreuz vergossen und so seine Liebe vollendet. Diese Liebe schafft neues Leben.

Grün und Gelb sind die Farben des Lebens. Grün hat die Farben des Todes durchbrochen, ja aufgebrochen. Es liegt nahe, in dem symbolisierten Haus und dem Kreis das Grab des Auferstandenen mit dem weggerollten Stein zu sehen. Vom Grab aus bahnen sich Grün und Gelb ihren Weg. Grün für die Saat, gelb für die Ernte. Vom Grab geht das neue Leben aus.

So stehen die drei Männer auf der Straße des neuen Lebens. In der Farbe Gelb, einem Symbol für die Zeit der Ernte, die Zeit der Vollendung, steht der Tisch mit den Gaben des Lebens.

Aus diesen Farben heben sich die weiteren Farben klar ab: das Rot des Mantels von Jesus und sein weißes Kleid. Rot wieder für die Liebe, weiß für die Reinheit, für das Leben, das den Tod besiegt hat. Dieselben Farben haben auch die Gaben des neuen Lebens, sein Wort, Brot und Wein, auf dem Tisch. In diesen Gaben ist er zu finden.

Die beiden Männer bei Jesus haben auch rote Mäntel an. Aber diese sind noch von Schwarz durchzogen: Noch haben Trauer und Schmerz, noch haben die Schatten des Todes sie nicht losgelassen.

Je länger man das Bild betrachtet, um so mehr drängt sich der Eindruck auf: Jesus schaut gerade mich an. Er hat mich im Blick. Ein Blick, der mich festhält. Ein Blick, der mich in das Bild hineinholt. Wie eine Einladungskarte: komm zu mir, komm zum Tisch mit den Gaben des neuen Lebens.

Die beiden Männer reagieren auf diese Einladung. Der auf der linken Seite hebt seinen Arm hoch, der auf der rechten Seite zeigt mit beiden Händen auf sich. Beide scheinen zu fragen: Du lädst uns ein?

Jesus lädt sie und uns zu sich an den Tisch des neuen Lebens ein. Dort will er uns begegnen. Dort können wir ihm begegnen.

Bezug der Bildkarten: Verlag Junge Gemeinde, Abt. Versandbuchhandlung, Postfach 10 03 55, 70747 Leinfelden-Echterdingen

Jesus teilt das Brot
Eine Geschichte zum Abendmahl von Regine Schindler

Dieses Buch ist sehr geeignet für die Vorbereitung aller zum gemeinsamen Feiern des Abendmahls durch:

- die eindrücklich gestalteten Bilder, die zu jeder Geschichtsszene das Wichtigste aufgreifen und verstärken. Bilder voller Stimmungen und Atmosphäre, die beim Betrachten selbst wieder Geschichten erzählen und doch nie vom Grundthema wegführen;

- die einfache und klare Sprache der Erzählungen. Ohne Probleme verstehen Kinder die Botschaft und auch den Erwachsenen wird beim Hören oder Lesen nicht langweilig;

- die übersichtliche Gliederung der Geschichte in einzelne Szenen: Emmaus, Abendmahl Jesu mit den Jüngern, Jesus-Fest, Lebens-Fest usw. Jede Szene kann für sich erschlossen werden, einzelne Szenen könnten auch übersprungen werden, sollte es die Zeit erfordern. Es wäre schade, das Buch in einem Durchgang durchzupressen und dadurch die Kinder zu überfordern;

- jede Szene endet mit einem Gebet oder Liedvers, die auch losgelöst von der Geschichte verwendet werden können, weil sie Grundstimmungen aufgreifen, z.B. Angst, Einsamkeit, Traurigkeit. Oder die konkret auch verwendet werden können, z.B. als Eröffnungsgebet beim gemeinsamen Feiern, als Dankgebet, als Festgebet für die Tischgemeinschaft;

- eine klare Theologie, die generationen- und auch konfessionen-übergreifend ausspricht, was das Abendmahl gibt: »Jesus wird weggehen und bleibt doch bei uns. Er ist ganz für uns da. Im Brot und im Wein.«

- die Texte zur Vorbereitung der Abendmahlsfeier und Einsetzung der Gaben können ohne Veränderung eingebracht werden in eine gemeinsame Feier. Damit kann eine Brücke geschlagen werden von der Vorbereitung hin zur Feier durch Worte, die den Kindern vertraut sind.

Mit diesem Buch kann unter Einbringung weiterer Bausteine ohne Schwierigkeiten eine Vorbereitungsreihe gestaltet werden.

Diaserien

Insbesondere für jüngere Kinder eignen sich die folgenden Diaserien mit Bildern von Kees de Kort für die Vorbereitung. Zusätzlich werden in den beiliegenden Textheften Nacherzählungen der biblischen Geschichten geboten, dazu Überlegungen zum Einsatz der Serien, Lieder und Spiele. Die Serien sind bei den Medienzentralen oder Mediotheken kirchlicher Einrichtungen ausleihbar.

- **Speisung der Fünftausend**
  (Kinder sehen die Bibel Nr. 27)
  Dias und Texte zu biblischen Geschichten

  Zu der Speisungsgeschichte aus Johannes 6,1–15 hat Kees de Kort 12 Farbbilder gemalt, die durch ihre Konzentration auf wesentliche Aussagen der Geschichte den Kindern ideale Zugänge ermöglichen. Einfache Texte unterstützen dies.
  Der herausgestellte Aspekt des Teilens der Gaben stellt das Abendmahl in den Zusammenhang von Teilen der Gaben, Gemeinschaft, Freude, Feier.
  Als Ergänzung wird die Geschichte »Im Viertelland« angeboten mit einer darauf abgestimmten Spielekette (Streichel- oder Wischspiel, Wort-Spiel, Luftballon-Schlacht, Sängerwettstreit).

■ Brot für alle
Tonbildreihe von Mario de Groot, Ernst Thuring
Bilder von Kees de Kort

»Brot für alle« erzählt ebenfalls die Speisung der 5000 nach. In die großflächigen Bilder von Kees de Kort finden sich die Kinder schnell ein.

Problematisch ist die theologische Interpretation des Speisungswunders. Jesus gibt durch sein Teilen nur einen Impuls, daß plötzlich alle teilen, was sie vorher noch für sich behalten wollten. Dies muß vorher sorgfältig bedacht werden.

Ohne Probleme läßt sich zu den schönen Bildern auch eine eigene Nacherzählung entwerfen oder man kann die Geschichte mit den Kindern durch die Betrachtung erschließen

■ Zachäus und Bartimäus
(Kinder sehen die Bibel Nr. 29)
Dias und Texte zu biblischen Geschichten

Die beiden Geschichten aus Lukas 18, 35–45 und 19,1–10 sind sehr einfühlsam von Anna-Hermine Müller illustriert. Sie sind auch noch bei älteren Kindern (bis ca. 7/8 Jahre) einsetzbar, aber dann eher als Bildbetrachtung und Erschließung der Handlung.

Für jüngere Kinder ist eine einfache Erzählung vorgeschlagen.

Dazu kommen didaktische Hinweise zum Einsatz, eine Vorlesegeschichte von Janosch (»Hannes Strohkopp«) und das Lied »Wir laden den Zachäus ein«.

Alle drei Angebote geben unterschiedliche Zugänge und können so den jeweiligen Vorstellungen entsprechend gut eingesetzt werden sowohl in der Vorbereitung als auch im Gottesdienst.

MEDITATIONEN

Die Meditationen lassen sich sowohl in der Vorbereitung einsetzen bei der Erklärung der Elemente Brot und Wein / Saft als auch im Gottesdienst im Vorlauf zu den Einsetzungsworten.

Was unser Herz stärkt
Eine Brot-Meditation

In vielen Gemeinden backen Kinder in den Gruppenstunden oder im Kindergottesdienst. Mit allen Sinnen sind sie daran beteiligt. Sie erleben das Backen als einen ganzheitlichen Vorgang. Sie erfahren dabei, wieviel Arbeit und Zutaten nötig sind, um ein schmackhaftes Gebäck zu bekommen. So ist es auch beim Brotbacken. In manchen Gegenden gibt es noch oder wieder die Tradition des Backens im Backhaus, in zunehmend mehr Familien wird Brot selbst gebacken. Damit bekommt das Brot für diejenigen, die daran beteiligt sind, wieder einen besonderen Stellenwert und wird nicht nur als selbstverständliches Grundnahrungsmitte angesehen, das »man sich eben mal schnell besorgt« und mit dem man auch relativ sorglos umgeht.

Die Brot-Meditation greift dieses Erleben mit einer gemeinsamen Feier auf. Die einzelnen Zutaten des Brotes werden bedacht, als Gottes Gaben erkannt und gedeutet. Nur im Zusammenkommen aller Zutaten gibt es am Ende das lebensnotwendige Brot. An die Meditation der Brotzutaten und des für das Backen notwendigen Feuers schließt sich die Geschichte vom »Traum des kleinen Weizenkorns« an.

Zum Abschluß kann das Lied »Miteinander essen« (S. 192) als Einladung zum gemeinsamen Brotessen gesungen werden.

L

Die Kinder sitzen im Kreis. Um ein weißes Tuch mit einem Brot in der Mitte ist ein Stern aus farbigen Tüchern mit fünf Strahlen ausgelegt. Auf den Strahlen liegen die verschiedenen Zutaten zum Brot und Brotbacken. Es können auch im Verlauf der Meditation die einzelnen Zutaten dann auf die Strahlen gelegt werden und zum Schluß das Brot auf das weiße Tuch.

- Eingangspsalm aus Psalm 104:
  Lobe den Herrn meine Seele!
  Mein Gott, du bist sehr herrlich.
  Du lässest Gras wachsen für das Vieh
  und Saat zum Wohle des Menschen,
  daß du Brot aus der Erde hervorbringst,
  und das Brot des Menschen Herz stärke.
  Herr, wie sind deine Werke so groß und viel!
  Du hast sie alle weislich geordnet,
  und die Erde ist voll deiner Güter.

- Meditation zu den einzelnen Zutaten *(die Texte lassen sich anhand der Stichworte selbst erstellen)*:
  - *Getreide* – auf grünem Tuch – möglicher Begleittext: Johannes 12,24
    Gedanken zum Getreide: ein (1) Korn macht noch kein Brot, viele Körner sind dafür nötig.
    Die Körner sind unterschiedlich in ihrer Größe und Form. Manche sind aufgebrochen.
    Zusammen fühlen sich die Körner nicht so hart an wie ein einzelnes Korn. Sie liegen gut in der Hand.
    Viele Körner, ein ganzer Sack voller Körner, haben ein ganz schönes Gewicht.
  - *Salz* – auf gelbem Tuch – mögliche Begleittexte: Matthäus 5,13 oder Markus 9,50
    Nur ganz wenig Salz wird zum Würzen gebraucht. Salz verstärkt den Geschmack des Essens.
    Zuviel Salz verdirbt das Essen.
    Aber ohne Salz fehlt dem Essen die Würze. Es schmeckt fade.

Die Salzkörner sind ganz klein. Wenn sie naß werden, kleben sie zusammen zu einem großen Klumpen.

- *Wasser* – auf blauem Tuch – möglicher Begleittext: Johannes 4,14
Wasser ist die Quelle des Lebens. Aber zuviel Wasser auf einmal bedroht das Leben.
Ohne Wasser gibt es kein Leben auf dieser Erde. Ohne Wasser wächst nichts.
Wasser ist hell und schmutziges Wasser ist ungenießbar, für vieles unbrauchbar.
Wasser ist kostbar. Wir müssen mit ihm sorgfältig umgehen.

- *Hefe/Sauerteig* – auf violettem Tuch – möglicher Begleittext: Matthäus 13,33
Hefe ist notwendig zum Backen. Hefe macht die Kuchen schön groß.
In so einem kleinen Stück Hefe steckt eine große Kraft.
Sobald die Hefe im Teig ist, beginnt sie zu arbeiten. Sie verändert den Teig.
Jeder Hefeteig braucht vor dem Backen eine Zeit zum Ruhen. Dann wird er erst richtig gut.

- *Wärme/Feuer (Kerze)* – auf rotem Tuch – mögliche Begleittexte: Johannes 8,12 oder Matthäus 5,14
Feuer gibt Wärme und Hitze. Das tut gut an kalten Tagen oder im Winter.
Feuer kann aber auch das Leben bedrohen. Im Feuer lauert der Tod.
Feuer und Hitze sind notwendig zum Backen. In der richtigen Temperatur werden Kuchen und Brot goldgelb oder braun gebacken. Dann erst sind sie fertig und schmecken.

- *Brot* – auf weißem Tuch – möglicher Begleittext: Johannes 6,35
Dieses Brot ist fertig gebacken aus allen Zutaten, die wir vor uns sehen.
Das Brot ist knusprig braun und duftet sehr gut.
Brot stillt unseren Hunger. Wir brauchen Brot zum Leben.

Nach der Meditation, in der die Kinder die einzelnen Elemente gesehen, auch angefaßt und probiert haben, wird die Geschichte »Der Traum des kleinen Weizenkorns« erzählt. Nach der Erzählung wird das Brot aus der Mitte genommen und miteinander geteilt.

Der Traum des kleinen Weizenkorns

Schaut mich an. Ein kleines Weizenkorn bin ich, klein und unscheinbar. Aber in mir steckt eine große Kraft. Das spüre ich.

Woher ich komme? Ich weiß es nicht genau. Aber ich ahne es: Da war ein anderes Korn, das wurde irgendwann in die Erde gelegt. Vom Wasser und von der Wärme der Sonnenstrahlen geweckt, ist es aufgebrochen und ein kleiner Halm ist daraus gewachsen. Der wurde größer und größer und an seiner Spitze wuchsen viele Körner. Unter der Sommersonne sind sie gereift und dann vom Bauern geerntet worden.

Nun waren es viele Körner und eines davon bin ich. Das ist meine Geschichte. Aber das ist nicht alles. Ich spüre es, aus mir kann noch etwas anderes werden. Etwas, bei dem meine Kraft anderen guttut. Was ich mir vorgenommen habe, ist schwer. Alleine werde ich es nicht schaffen. Meine kleine Kraft reicht nicht aus, darum werde ich mir andere Körner suchen.

Um das zu erreichen, muß ich meine Hülle verlassen. Ich weiß, das klingt hart. Aber um meine Kraft mit den Kräften der anderen zusammenzubringen, muß es geschehen. Erst im gemahlenen Mehl kann diese Kraft Neues bewirken.

Aus vielen Körnern wird das Mehl gemahlen. Damit ist es nicht genug. Wasser muß zum Mehl dazukommen, damit es weitergeht. Wasser verbindet uns zu einem großen Ganzen, dem Teig. Die kräftigen Hände des Bäckers kneten und mischen den Teig. Geballte Kraft, so fühle ich mich als Teig.

Und dann geht es weiter. Von neuem werden wir vermengt. Etwas Salz und Hefe wird unter den Teig gemischt. Im Dunklen und Warmen abgestellt, brauche ich dann Zeit, um meine Kraft zu entfalten.

In dieser Zeit spüre ich es ganz deutlich: Von außen ist eine andere Kraft dazugekommen. Es geschieht eine Verwandlung. Das Mehl aus vielen Körnern, gemischt mit Wasser, Salz und Hefe, verbindet sich und neue Kräfte werden frei. Ich wachse, wir wachsen über uns hinaus. Unserer Stärke sind wir uns bewußt.

Wir freuen uns über die Kraft, die wir in uns spüren und wir wissen: Unsere Kraft wird nicht aufhören. Was immer aus uns wird, unsere Kraft wirkt ansteckend.

Dann aber kommt eine harte Probe auf uns zu. Das Licht der Sonne, das uns als Korn wachsen und reifen ließ, wird viel, viel stärker. Glühend heiß ist es im Ofen, die Hitze des Feuers verschlägt uns fast den Atem. Diese

Wärme geht uns durch und durch. Ich, wir haben Angst, Todesangst. Ist jetzt alles vorbei, war alles vergeblich?

Nein, jetzt geschieht die größte Verwandlung. Das Feuer brennt, aber es verbrennt uns nicht. Aus dem Teig wird das Brot. Schönes braunes Brot. Brot, das gut schmeckt. Brot, das gut riecht.

Nun bin ich das, wovon ich von Anfang an geträumt habe: ein köstliches Brot.

Doch, wo Brot allein bleibt, kann es seine Kraft nicht weitergeben. Das Brot muß geteilt werden. Nur im Teilen wird seine ganze Kraft weitergegeben. Und das Brot hat Kraft für viele.

Als Brot sind wir, bin ich, das kleine Weizenkorn, Zeichen für Jesus Christus. Jesus Christus hat gesagt: Ich bin das Brot des Lebens. Glaubt an mich, dann steckt in euch eine große Kraft. Und teilt diese Kraft. Teilt das Brot. Dann haben alle teil an meiner Kraft.

Alle Menschen, das wünsche ich mir, das kleine Weizenkorn, sollten Anteil haben an dieser Kraft. Deshalb sage ich euch: teilt das Brot, teilt die Kraft, die in ihm steckt.

Jesus Christus – Brot des Lebens – lädt euch alle ein:
Kommt zu mir, nehmt und eßt, schöpft aus der Kraft des Brotes.
Hoffnungsbrot für euere Angst.
Vertrauensbrot für euere Zweifel.
Stärkungsbrot für euere Mutlosigkeit.
Friedensbrot für eueren Streit.

L Nun wird das Brot miteinander geteilt und gegessen. Nach dem Essen wird die Meditation abgeschlossen mit dem Lied »Schenk uns Zeit« (S. 184), Gebet und Segen/Segenslied.

Brot und Wein, die Gaben des neuen Lebens
Meditationen zu Brot und Wein

Die Meditationen zu Brot und Wein beginnen mit der Betrachtung der Schöpfungsgaben Getreide und Trauben und führen weiter zur neuen Deutung durch Jesus.

Benötigt werden: Weizenkörner für alle, Schale mit Mörser, feines Sieb, Schale für zerdrückte/gemahlene Körner, Trauben, Presse (Kartoffelpresse), große Schüssel zum Saftpressen, Krug, Gläser.

Es bietet sich auch an, mit den Kindern nach der Körnermeditation ein Brot für den Abendmahlsgottesdienst zu backen. Dazu kann ein wenig von dem frisch geriebenen Mehl verwendet werden. Findet die Traubenmeditation in unmittelbarer Nähe zu dem Abendmahlsgottesdienst statt, kann der Saft (gut gekühlt aufbewahren) genommen werden. Beides weckt in den Kindern und Erwachsenen nachhaltige Eindrücke und Verbindungen.

Das Brot des Lebens

In meiner Hand habe ich einen großen Schatz. Goldgelb liegt er da, matt glänzen die einzelnen Teile meines Schatzes im Licht. Für manche Menschen ist mein Schatz mehr als die gleiche Menge Gold wert, anderen ist er viel, viel weniger wert. Ja manche glauben sogar, daß mein Schatz gar nicht viel wert ist.

Ich gebe euch jetzt von meinem Schatz ab, jedem ein Teil. Ihr erkennt sofort, daß es Getreidekörner sind. Schaut euch in aller Ruhe das Korn an. Klein ist es, es liegt wie verloren in der Handfläche. Auf der einen Seite ist das Korn ganz rund, auf der anderen Seite ist von oben bis unten eine Spalte zu sehen. Fühlt das Korn zwischen zwei Fingern. Es ist hart und läßt sich nicht zusammendrücken. Seine Enden sind manchmal rund, manchmal spitz, je nach Sorte. Die spitzen Enden bohren sich ein bißchen in die Haut. Das schaut dann aus, wie wenn das Korn in meiner Haut steckt.

Aus den Körnern wird das Mehl gemahlen. Die Mahlsteine sind stärker als die harte Schale des Korns. Sie zerreiben es und herauskommt das feine weiße Mehl, aus dem dann Brot gebacken wird.

Probiert mal aus, wie schwer es ist, aus Körnern Mehl zu mahlen. Nehmt die Schale mit dem Mörser und drückt in kreisenden Bewegungen das Korn zusammen. Das gemahlene Korn schüttet dann in das Sieb. Das Sieb schüttelt ihr dann über der anderen Schale. Dabei trennen sich die harten Schalen und das feine, weiße Mehl.

Aus diesem Mehl wird unser Brot gebacken. Brot brauchen wir zum Leben. Mit Brot stillen wir unseren Hunger. Viele, viele Körner sind nötig für ein Brot. Im Frühjahr säen die Bauern die Körner. Aus einem Korn wächst ein Halm und in der Ähre des Halmes viele Körner. Damit diese vielen Körner wachsen können, muß das eine Korn in der Erde sich verwandeln. Es kann kein Korn bleiben, sondern gibt seine ganze Kraft, damit die Wurzel in die Erde hineinwächst und der Halm aus der Erde heraus.

Jesus ist einmal mit den Jüngern zu einem Getreidefeld gegangen und hat eine Ähre in die Hand genommen. Vorsichtig reibt er einige Körner mit seinen Händen aus der Ähre heraus und zeigt sie den Jüngern. »Schaut euch die Körner an. Sie müssen sterben, um neues Leben hervorzubringen. Schaut, wieviel Frucht ein einziges Korn bringt. Das Brot aus diesen Körnern braucht ihr zum Leben. Genauso wichtig wie das Brot will ich für euer Leben sein. Ich bin das Brot des Lebens.«

Der Kelch des Heils

In meiner Hand liegt eine Weintraube. Von dem kräftigen Stiel in der Mitte zweigen viele kleine Stiele ab, an denen die einzelnen Beeren hängen. Große und kleinere, fast goldgelbe und etwas grünere, manchmal nur eine einzige an einem Stiel, manchmal mehrere. Die Trauben wachsen an den Weinstöcken. Sie brauchen einen fruchtbaren Boden, Regen und viel Sonne. Der Regen bringt den Saft und die Sonne die Süße. Die saftigen Beeren machen einem richtig Appetit, sie haben die Wärme des Bodens, die Feuchte des Regens und die Kraft der Sonne in sich.

Nehmt euch von der Traube eine Beere. Schaut sie euch an. Prall vom Saft liegt sie in der Hand. Oben an der Stelle, wo sie vom Stiel gezogen wurde, kommt ein kleiner Tropfen Saft heraus. Haltet die Beere vorsichtig gegen das Licht. Durch die Schale hindurch könnt ihr die Kerne schimmern sehen. Die Kerne, aus denen neue Weinstöcke wachsen. Aber dafür alleine sind die Beeren nicht gewachsen. Zum Essen sind sie da oder zum Saftmachen. Wenn das nicht geschieht, dann verfaulen sie.

Jetzt steckt die Beere in den Mund und zerbeißt sie langsam. Spürt die Süße des Saftes, spürt das Fruchtfleisch, die Kerne und die Schale. Spürt, wie gut die Beere aus Gottes guter Schöpfung schmeckt. Vielleicht habt ihr gespürt, wie die Schale der Beere geplatzt ist und daß man dafür auch etwas fester zubeißen muß. Wenn man eine Handvoll Beeren auf einmal pressen will, braucht das auch ganz schön Kraft. Probiert auch das aus mit dieser Presse und den übrigen Trauben. Den Saft schüttet dann in den Krug und aus dem Krug in die Gläser. Ihr werdet merken, wie lange das dauert und wieviel Kraft es kostet.

Jesus hat zu seinen Jüngern gesagt: »Ich möchte für euch werden wie das Brot und der Saft der Trauben. Beides soll euch schmecken, beides tut euch gut, beides braucht ihr zum Leben. So will ich für euch sein.«

Nun nehmt euer Glas und genießt den frisch gepreßten Traubensaft. Schmeckt, wie köstlich er ist.

TEXTE, GEBETE, LIEDER ZUM ABENDMAHL

Texte

Das Brot ist der Himmel

Das Brot ist der Himmel.
Wie du den Himmel nicht allein haben kannst,
mußt du das Brot mit anderen teilen.
Das Brot ist der Himmel.
Wie der Anblick der Sterne am Himmel allen gemein ist,
mußt du das Brot mit anderen zusammen essen.
Das Brot ist der Himmel.
Kommt das Brot in deinen Mund hinein,
nimmt dein Körper den Himmel auf.
Das Brot ist der Himmel.
Ah, das Brot muß man teilen.
Kim Chi Ha

(aus: Dietermann, Joachim: Mit Kindern Abendmahl feiern, Materialheft 61 der Beratungsstelle für Gottesdienste und andere Gemeindeveranstaltungen, Frankfurt 1991, S. 125)

Wir lernen zu leben,
wenn wir an deinem Tisch, guter Gott, essen und trinken.
Brot und Wein sind Gaben deiner Schöpfung,
die uns erhält und trägt.
Brot und Wein sind Zeichen deiner Liebe,
die uns in Jesus Christus begegnet.
Brot und Wein stärken uns,
durch deinen Geist zum Frieden, mit dem du die Erde erneuerst.
So empfangen wir Kraft zum Leben.
Weil wir beschenkt werden,
danken wir dir und singen dein Lob:

(aus: Barth, F. K.: Feiert Abendmahl, Materialheft 49/50, hrsg. von der Beratungsstelle für
Gottesdienst und andere Gemeindeveranstaltungen, Frankfurt 1987, S. 213)

Brotsegen

Seht euch um, Schwestern und Brüder,
seht auf die Menschen, die das Brot brauchen, um ihren Hunger zu stillen.
Die Brotbäckerinnen und Brotbäcker haben hineingetan, was Menschen
guttut und ihnen Kraft gibt.
Wir bringen viele Arten von Brot, sie sind nötig, damit wir die Vielfalt
schmecken können.
Viele Menschen und viele Brote machen sichtbar, was uns zu einer Gemeinschaft bindet.
Wir tragen die Brote zu Tisch und segnen sie, so wie Christus das Brot gesegnet hat.

(nach: Diann Neu / Mary E. Hunt, Liturgies of Solidarity, aus: Dietermann, Joachim: Mit Kindern Abendmahl feiern, S. 134)

Gebete

Eingangsgebete

Herr Jesus Christus, du lädst uns alle ein an deinen Tisch. Auf diesem Tisch
stehen die Gaben des Lebens, Brot und Traubensaft. Sie sind Zeichen deiner Liebe.
Wenn wir Brot und Saft miteinander teilen, dann sei bei uns und laß uns
deine Nähe spüren. Laß in uns Neues entstehen, daß wir in der Kraft der
Gaben für andere zum Segen werden. Amen

Jesus Christus, wir feiern Gottesdienst. Sei du in unserer Mitte und segne
unsere Feier.
Laß uns das Brot und den Kelch zu Zeichen deiner Liebe werden, daß wir
wie die Jünger damals erkennen: du hast uns lieb.
Wenn wir von dem Brot essen und aus dem Kelch trinken, dann stärke unsere Gemeinschaft und unseren Glauben. Laß uns ganz sicher werden, daß
du stets bei uns bist. Auch wenn wir das nie ganz verstehen, laß es uns immer glauben. Amen

Vor dem Abendmahl

Jesus, du hast alle Menschen an deinen Tisch eingeladen. Allen willst du ganz nahe sein. Auch wenn wir dich nicht sehen können, möchten wir dich jetzt spüren. Wir wissen, daß du bei uns bist an unserem Tisch, wenn wir essen und trinken von den Gaben des ewigen Lebens. Danke, daß du bei uns bist und uns stärkst durch Brot und Wein. Amen

Vater im Himmel, du bist uns ganz nahe. Besonders jetzt, wenn wir deine Gäste sind.
Wir teilen das Brot und den Saft, die Gaben deiner Schöpfung. Wir teilen die Zeit, die du uns gibst.
So wachsen wir zusammen zu einer lebendigen Gemeinschaft.
Wir danken dir, daß du immer für uns da bist und Zeit für uns hast. Wir danken für die Gaben, die du uns gibst. Für deine Liebe loben wir dich. Amen
(es kann ein Loblied folgen).

Gott, du lädst uns ein. So wie wir sind, kommen wir zu dir: groß oder klein, fröhlich oder traurig, gesund oder krank, mit oder ohne Schuldgefühle. Aber wir wissen: du schließt niemanden aus. Wir alle dürfen zu deinem Tisch kommen und mit dir das Abendmahl feiern. Dafür danken wir dir. Amen

Gott, vor uns sehen wir deinen Tisch.
Brot und der Saft stehen darauf, denn du gibst uns, was wir zum Leben brauchen.
Kerzen brennen. Sie sagen uns: Du machst unser Leben hell, gerade wenn wir Angst haben oder nicht mehr weiter wissen. Ihr Licht strahlt in alle Dunkelheiten unseres Lebens.
Blumen stehen auf dem Altar als Zeichen dafür, daß wir in deiner guten Schöpfung leben.
Das Kreuz sehen wir. Es zeigt uns, daß uns unsere Schuld vergeben ist. Deshalb können wir fröhlich sein und zusammen das Abendmahl feiern. Dafür danken wir dir. Amen

Guter Gott, Brot und Traubensaft stehen vor uns auf deinem Tisch.
Es war ein langer Weg, bis aus den Körner Brot, aus den Trauben Saft wurde.
Beides kann uns jetzt stärken und Gemeinschaft mit dir und untereinander geben.
So hat uns Jesus, der durch alles Leid hindurchgegangen ist, deine Liebe gezeigt. Dafür danken wir dir, dafür loben und preisen wir dich. Amen

(aus: Dietermann, Joachim: Mit Kindern Abendmahl feiern. S. 92 [bearbeitet])

Gott, du lädst uns ein an deinen Tisch. Wir danken dir für Brot und Saft.
Wir danken dir, daß du uns so nah bist und für uns sorgst.
Wir danken dir, daß du uns alles gibst, was wir nötig haben:
für unsere Erde und alles, was auf ihr wächst.
für unser Zuhause und die Menschen um uns herum,
für deine Nähe.
Wir danken dir für alles Schöne:
für das Spielen und Toben,
für die Musik und das Schmusen.
Wir danken dir für Jesus, der uns zeigt, wie lieb du uns hast.
Gott, wir danken dir für alles und loben dich. Amen

(aus: Gottesdienst mit Kindern, Arbeitshilfe für Mitarbeiterinnen und Mitarbeiter im Kindergottesdienst, Hrsg. vom Landeskirchenamt der Evangelischen Kirche von Kurhessen-Waldeck, Kassel 1992, S. 108)

Wir loben dich, Gott.
Du hast alles wachsen lassen.
Du läßt die Sonne scheinen, du schickst den Regen,
du gibst der Erde Kraft.
Das Gras läßt du wachsen, als Futter für die Tiere.
Die Bäume läßt du wachsen, ihre Wurzeln sind tief in der Erde.
Die Ähren auf dem Feld wachsen, ihre Körner werden reif für unser Brot.
Auch die Trauben am Rebstock sind dick und voller Saft.
Für alles danken wir dir, lieber Gott!

(Schindler, Regine: Jesus teilt das Brot, Eine Geschichte zum Abendmahl, S. 16 © Verlag Ernst Kaufmann, Lahr 1986)

Gott, der du wie Vater und Mutter für unser Leben sorgst.

Du hast uns alles gegeben: Licht und Leben, Speise und Trank.

Wir danken dir für Jesus, deinen Sohn, der zum Bruder der Menschen wurde.

In seinem Leben und Sterben hast du den Bund der Versöhnung mit uns geschlossen.

Er hat sich hingegeben für diese Welt und die Schuld der Menschen auf sich genommen.

So hat er uns befreit zur Liebe,

und so können wir ihm dienen in jedem Menschen, der unsere Hilfe braucht.

Ihn sehen wir als Menschen mitten unter uns.

Gott, wir bitten dich:

Versammle uns zu einer großen Familie, die der Geist Jesu erfüllt, wenn wir jetzt essen und trinken zu seinem Gedächtnis.

Du gibst Kraft, die Erde zu verwandeln in einer Heimat für alle Menschen, wo leere Hände gefüllt werden, wo wir geben und nehmen und miteinander teilen., was wir zum Leben brauchen.

Als deine Kinder beten wir, Gott, wie uns Jesus zu beten gelehrt hat:

Vaterunser *(wenn möglich, gesungen)*

Gott, wir bitten dich: Schenke uns eine fröhliche Abendmahlsgemeinschaft. Laß uns das Brot und den Traubensaft, die wir miteinander teilen, zu einer Quelle der Kraft werden, aus der wir leben können. Laß uns deine Gaben zum Segen werden, jetzt und an jedem Tag unseres Lebens. Amen

Wir wollen Brot und Wein (Saft) miteinander teilen.

Wer zusammen ißt und trinkt, der gehört auch zusammen.

Wir essen alle von dem gleichen Brot und trinken allen denselben Wein (Saft).

Wir werden alle eine große Familie.

Wir sind Jesu ganz nahe.

Wir sind eingeladen:

Die Großen und Kleinen, die Gesunden und Kranken, die Starken und Schwachen.

Kommt, denn es ist alles bereit.

(aus: Gottesdienst mit Kindern, S. 108)

Auf dem Altar stehen Brot und Traubensaft.
Was uns geschenkt ist, wollen wir teilen.
Wir lernen zu leben, Gott, wenn wir an deinem Tisch essen und trinken.
Brot und Saft der Trauben sind Gaben deiner Schöpfung, die uns hält und trägt.
Brot und Saft der Trauben sind Zeichen deiner Liebe, die uns in Jesus Christus begegnet.
Brot und Saft der Trauben stärken uns zu Mut und Gerechtigkeit, mit der du, Gott, die Erde erneuerst.
So empfangen wir Kraft zum Leben.
Wir werden beschenkt, danken dir, Gott und erinnern uns:
(es folgen die Einsetzungsworte)

(Hanne Köhler, aus: Dietermann, Joachim: Mit Kindern Abendmahl feiern, S. 218)

Gott, sei uns nah, daß wir einander so begegnen, wie Jesus uns Menschen begegnete.
Laß uns das Brot, das wir teilen, zur Gemeinschaft mit dir und untereinander werden.
Stärke uns durch den Saft der Trauben zu der Liebe, mit der du uns liebst.
Wir erinnern uns, wie Jesus zum letzten Mal Brot und Wein geteilt hat:
(es folgen die Einsetzungsworte)

(Hanne Köhler, aus: Dietermann, Joachim: Mit Kindern Abendmahl feiern, S. 218)

Jesus, du bist auch für uns ein Geheimnis.
Du bist da, wenn wir das Brot teilen.
Du bist da, wenn wir den Wein trinken.
Wir können zu dir beten, aber wir sehen dich nicht,
wir hören dich nicht.
Jesus, wir möchten dich auch heute spüren.
Unsere Gedanken fliegen vor dir weg,
unsere Augen sehen andere Dinge,
unsere Hände machen andere Dinge,
laß uns ruhig werden.
Wir möchten bei dir sein. Amen

(aus: Schindler, Regine: Jesus teilt das Brot, S. 16)

Gott, unser Vater.
An deinem Tisch sagen wir Dank für deine Gaben, für Brot und Wein.
Wir danken dir für unser Leben, für alles, was du uns zum Leben gibst.
Wir danken dir für alles, was du uns getan hast.
Du hast uns Jesus, deinen Sohn geschenkt.
Er hat am Kreuz unsere Last getragen, unsere Schuld.
Er ist auferstanden von den Toten. Darum sind wir froh und loben dich.
Wir sind froh, daß du uns an deinen Tisch rufst. Amen

(aus: Gottesdienst mit Kindern, S. 67)

Jesus, wir haben alles bereit gemacht für dein Fest.
Aber, wir brauchen dich, Jesus. Du bist die Hauptsache.
Du hast uns eingeladen zu diesem Fest.
Wir haben Hunger und Durst nach dir. Wir sehen dich nicht.
Wir hören dich nicht. Mach, daß wir dich spüren.
Jesus, sei du bei uns in diesem Brot!
Sei bei uns in diesem Wein!
Du bist das richtige Licht.
Du kommst auch jetzt zu uns.
Wir können es nicht ganz verstehen. Es ist ein Geheimnis.
Aber komm, Jesus, komm, sei bei uns.
(es folgen die Einsetzungsworte)

(aus: Schindler, Regine: Jesus teilt das Brot, S. 16)

Einsetzungsworte

Jesus und die Jünger saßen um den Tisch. Da nahm Jesus das Brot, dankte Gott dafür, brach mehrere Stücke ab und sagte: »Nehmt das Brot und eßt alle davon. Es ist Brot des neuen Lebens. In diesem Brot bin ich ganz bei euch.«
Nachdem alle vom Brot gegessen hatten, nahm Jesus den Kelch, sprach das Dankgebet und gab ihn an alle weiter mit den Worten: »Nehmt und trinkt alle aus diesem Kelch. Auch er ist ein Zeichen des neuen Lebens. Wenn ihr davon trinkt, gehört ihr ganz zu mir und ich bin euch ganz nahe. Feiert dieses Mahl immer wieder und erinnert euch dann an meine Worte.«

Wenn wir Abendmahl feiern, denken wir zurück an den Abend, an dem Jesus mit den Jüngern das Abendmahl gefeiert hat. Sie saßen beisammen, aßen und tranken.

Da hat Jesus das Brot genommen, hat es geteilt und allen ein Stück gegeben. Dann sagte er: »Nehmt und eßt, das ist mein Leib. Das bedeutet: in diesem Brot schenke ich mich euch ganz. An alles, was ich getan habe, sollt ihr euch dann erinnern. Es soll euch Mut und Kraft geben, den Glauben weiterzugeben. Wenn ihr beim Abendmahl das Brot eßt, dann bin ich da und lebendig in euerer Erinnerung.«

Nachdem alle das Brot gegessen hatten, nahm Jesus den Weinbecher. Dann sagte er: »Nehmt und trinkt alle davon. Dies ist mein Blut. Das bedeutet: ich schenke mich euch im Saft der Traube. Ihr sollt spüren, daß Gott euch liebt und euch immer nahe sein will. Wenn ihr beim Abendmahl den Saft der Trauben trinkt, dann bin ich da und lebendig in euerer Erinnerung.«

Was Jesus den Jüngern sagte, haben sie sich gemerkt. Immer, wenn sie das Abendmahl gefeiert haben, haben sie an Jesus und seine Worte gedacht, an seine Geschichten von Gott, wie er Menschen geholfen hat, daß er für die Sünden der Menschen am Kreuz gestorben ist und an Ostern den Tod überwunden hat.

Das dürfen auch wir tun, wenn wir jetzt Brot und Saft, die Gaben des neuen Lebens, zu uns nehmen.

Nach dem Abendmahl

Großer Gott, du bist für uns da wie ein Vater und eine Mutter. Du sorgst für uns, du zeigst uns deine Liebe.

Miteinander haben wir Abendmahl gefeiert und uns Kraft geben lassen für unser Leben und unseren Glauben.

Wir danken dir, daß du so gut zu uns bist und immer bei uns bist. Laß uns das nicht vergessen. Amen

Herr, wir waren deine Gäste und haben Abendmahl gefeiert. Brot und Saft haben wir miteinander geteilt und uns Worte der Hoffnung und Ermutigung gesagt. Das war schön.

Laß diese schöne Zeit noch lange in uns nachwirken und lebendig sein. Gib uns den Mut und die Kraft, daß wir in dieser Fröhlichkeit auch anderen Menschen begegnen und sie einladen, beim nächsten Mal mit uns zu feiern.

Wir wollen den Frieden, der zwischen uns zu spüren war, mit hinausnehmen in den Alltag und andere Menschen davon anstecken.
Wir danken dir für deine Einladung und die Gemeinschaft mit dir und untereinander. Amen

Jesus Christus, danke für alles, was wir von dir bekommen haben in dem Abendmahl, das wir gerade gefeiert haben:
für Brot und Saft, die Gaben des neuen Lebens,
für die Gemeinschaft mit dir und allen, die mitgefeiert haben,
für die guten Worte, die wir uns gesagt haben,
für die Stärkung und Ermutigung, die wir in unserem Glauben und für unser Leben erfahren haben,
für den Frieden, in dem wir dann von hier weggehen.
Dies und alles andere nehmen wir mit. Gib uns die Kraft, auch andere Menschen daran teilhaben zu lassen. Gib uns den Mut, ihnen vor dir zu erzählen und sie einzuladen, damit auch sie erleben, wie sehr du alle Menschen liebst.
Danke Jesus, daß du uns zum Abendmahl einlädst. Amen

Gott, Freund auf den Wegen, die wir gehen:
Du gehst mit uns, du läßt uns nicht allein.
Du stärkst uns und stützt uns, wenn wir müde werden, wie der Wanderstock uns stützt.
Du gibst uns Aussichten, wenn es um uns finster wird, einen anderen Horizont.
Wir erkennen dich wieder in Menschen, die unser Leben mit uns teilen:
in Kindern, die sich uns anvertrauen,
in Weggefährten, die mit uns zweifeln, hoffen und weitergehen,
in Geächteten, die uns brauchen,
in Notleidenden, die unseren Beistand erbitten.
Freund auf unseren Wegen, wir danken dir für deine Begleitung.
Wir danken dir für die Stärkung durch Brot und Wein. Amen

Jesus Christus, wir danken dir.
Du bist zu uns gekommen in Brot und Wein (Saft). Wir freuen uns.
Geh mit uns, mit deinem heiligen Geist und deinen guten Worten.
Geh mit uns zu den Menschen, die unsere Hilfe brauchen. Amen

(aus: Gottesdienst mit Kindern, S. 108)

LIEDER

Lieder aus dem Evangelischen Gesangbuch:

Dank sei dir Vater, für das ewige Leben (EG 227)
Das sollt ihr, Jesu Jünger nie vergessen (EG 221)
Er ist das Brot, er ist der Wein (EG 228)
Kommt, sagt es allen weiter (EG 225)
Seht, das Brot, das wir hier teilen (EG 226)

Wir feiern heut´ ein Fest

2. ‖:Wir feiern heut ein Fest und singen miteinander. : ‖
   Wir feiern ein Fest, weil Gott uns alle liebt.
   ‖: Herein, herein, wir laden alle ein. : ‖

Text: Rolf Krenzer
Musik: Ludger Edelkötter
aus: Wir feiern heut´ ein Fest, Weil du mich so magst
Alle Rechte: Impulse Musikverlag Ludger Edelkötter, 48317 Drensteinfurt

Auch wir sind eingeladen

Auch wir sind ein-ge-la-den, zum Tisch mit Got-tes Ga-ben! Brot zum Es-sen, Wein zum Trin-ken, Ga-ben des neu-en Le-bens. Le-bens.

Text: Johannes Blohm
Musik: Johannes Blohm und Andreas Schley
Gitarrenharmonien: Andreas Schley
Alle Rechte bei den Autoren

Alle sind eingeladen

Al-le sind ein-ge-la-den zu schmek-ken Got-tes Ga-ben. Kei-ner soll drau-ßen blei-ben, wenn jetzt das Fest be-ginnt.

Text: Johannes Blohm
Musik: Gerhard Schöne „Alles muß klein beginnen"
Alle Rechte bei den Autoren

Wieder kommen wir zusammen

Refr.: Wie - der kom - men wir zu - sam - men: Got - tes Stim - me
lädt uns ein, hier und sonst an vie - len Or - ten,
sein ge - lieb - tes Volk zu sein. 1. Wir
grü - ßen uns, wir fan - gen an, ver - eint in Got - tes
Na - men, und al - le sin - gen: A - men.

2. Wir wollen, was uns traurig macht, was trennt, beim Namen nennen,
   Gott loben und bekennen.

3. Wir hören aus der Bibel neu, was Mut macht, und wir fragen:
   Was kann ich tun und sagen?

4. Am Tisch bricht Jesus uns das Brot, wir nehmen und wir teilen,
   er hilft uns Unrecht heilen

5. Wir danken und wir bitten Gott für Menschen nah und ferne -
   wir helfen, geben gerne.

6. Wir sagen uns, bevor wir geh´n, wann wir uns neu begegnen,
   und lassen froh uns segnen.

Text (nach 1.Kor 14,26) und Musik: Dieter Trautwein 1988
Rechte: Strube-Verlag GmbH, 80336 München

Kehrvers (Refr.) je nach Betonung der Gottesdienstphase zwischen Strophe 3 und 4 -
oder nach jeder 2. Strophe.

Eingeladen zum Leben

Wir sind ein - ge - la - den zum Le - ben, un - ser
Gast - ge - ber ist Gott, ja Gott! Sei - ne Lie - be will er uns
ge - ben, ist das nicht ein An - ge - bot?

1. Wir dan - ken Gott und wir klat - schen und freu - en uns,
Wir dan - ken Gott und wir klat - schen und freu - en uns denn
Gott lädt uns ein!

2. Wir danken Gott und wir schnipsen und freuen uns.

3. Wir danken Gott und wir stampfen und freuen uns.

4. Wir danken Gott und wir schreien und freuen uns.

5. Wir danken Gott und wir flüstern und freuen uns.

Aktion: An den jeweiligen Stellen klatschen, schnipsen,
stampfen, schreien, flüstern

Text und Musik: Knut Trautwein
Alle Rechte beim Autor

Jesus lädt uns ein I

2. Jesus lädt uns ein. Jesus lädt uns ein.
   Wir essen das Brot und trinken den Wein ...
   und dürfen seine Brüder sein: denn das ist sein Geschenk.

3. Jesus ...
   und sollen allen Brüder sein; denn das ist sein Gebot.

4. Jesus ...
   und dürfen alle schuldfrei sein; denn so sieht er uns an.

5. Jesus ...
   und dürfen voller Hoffnung sein. Das ist sein Ziel mit uns.

Text und Melodie: Kurt Rommel
aus: 9x11 neue Kinderlieder
Rechte: Christophorus Verlag, Freiburg - Verlag E.Kaufmann, Lahr

Jesus lädt uns ein II

1. Je - sus lädt uns ein. Er schenkt uns das, was
2. Je - sus lädt uns ein. Wir neh - men Brot und

nö - tig ist; er ruft uns al - le an den Tisch.
Trau - ben - saft. Das gibt uns Mut und neu - e Kraft.

Je - sus lädt uns ein!
Je - sus lädt uns ein!

Melodie und Text: Walter Ritter
Alle Rechte beim Autor
Quelle: „Miniliedchen", Züricher Landeskirche

Unser Leben sei ein Fest

1. Un - ser Le - ben sei ein Fest, Je - su
Geist in un - se - rer Mit - te, Je - su Werk in un - se - ren
Hän - den, Je - su Geist in un - se - ren Wer - ken, un - ser
Le - ben sei ein Fest an die-sem A - bend und je - den Tag.

2. Unser Leben sei ein Fest.
   Brot und Wein für unsere Freiheit
   Jesu Wort für unsere Wege,
   Jesu Weg für unser Leben.
   Unser Leben sei ein Fest
   an diesem Morgen/Abend und jeden Tag.

Text: Str. 1: J. Metternich Team
Str. 2: Kurt Rose
Musik: Peter Janssens
aus: Meine Lieder, 1990
alle Rechte im Peter Janssens Musik Verlag, Telgte-Westfalen

Kinder, welche Freude, Jesus lädt uns ein

Kin - der wel - che Freu - de, Je - sus lädt uns ein, er

lädt uns ein, er lädt uns ein!

Kin - der wel - che Freu - de, Je - sus lädt uns ein, ja er

lädt uns al - le ein. Wir kön - nen zu ihm

kom - men, ein Fest soll für uns sein. Er

ruft nicht nur die From - men, nein, al - le lädt er zu sich ein!

Text: unbekannt
Melodie: Spiritual (nach: Joshua fit the battle of Jericho)

182

Das Festmahl

1. Mein Freund, tritt her - ein. Wir la - den dich ein. Der Tisch ist ge - deckt für das Fest. Mein Freund, komm zu Tisch. *Refr.* Wir war - ten auf dich. Der Herr sagt uns: Trin - ket und eßt! Ja so soll das Fest - mahl sein. Chri - stus lädt selbst uns ein. In Got - tes Na - men, sind wir zu - sam - men. Von Gott ge - fun - den, mit ihm ver - bun - den. Kei - ner ist mehr al - lein. So soll das Fest - mahl sein.

2. Wer Hunger jetzt hat, der wird heute satt. Der Herr lädt uns selber zu Tisch.
Wer durstig jetzt ist, wird von ihm begrüßt. Er wartet auf dich und auf mich.

3. Wen Kummer verdrießt, wer traurig heut ist, der darf zu dem Fest heute gehn.
Wer noch so allein, wird einsam nicht sein. Gott selber wird neben ihm stehn.

4. Wir sind uns so nah und jeder sagt ja zum Leben, zur Freude, zum Fest.
Froh klingt unser Lied, und jeder singt mit, weil Gott uns zum Fest laden läßt.

Text: Rolf Krenzer, Melodie: Detlev Jöcker
aus: CD, MC und Buch „Das Liederbuch zum Umhängen 1"
Rechte: Menschenkinder Verlag, 48157 Münster

Schenk uns Zeit

1.
Schenk' uns Zeit! Schenk' uns Zeit!
Zeit zum Trin - ken, Zeit zum Es - sen,

2.
Zeit aus dei - ner E - wig - keit!
Zeit, um kei - nen zu ver - ges - sen.

3.
Zeit zum Neh - men, Zeit zum Ge - ben,
Zeit zum Dan - ken für das Brot,

4.
Zeit zum Mit - ein - an - der - le - ben,
Zeit zum Be - ten, gu - ter Gott.

Text: Rolf Krenzer
Melodie: Detlev Jöcker
aus: CD, MC und Buch „Das Liederbuch zum Umhängen 1"
Rechte: Menschenkinder Verlag, 48157 Münster

Eßt miteinander

Text: Rolf Krenzer
Musik: Peter Janssens
aus: Gott zieht vor uns her, 1990
alle Rechte im Peter Janssens Musik Verlag, Telgte-Westfalen

185

Kommt, wir teilen das Brot

2. ‖: Kommt, wir teilen den Wein am Tisch des Herrn, :‖
   teilen wir uns diesen Wein, wird der Friede nahe sein.
   Erbarm dich, Herr, über uns!

3. ‖: Kommt, wir teilen die Gaben unseres Herrn, :‖
   denn, wer glaubt, daß Gott ihn liebt, wird nicht ärmer, wenn er gibt.
   Erbarm dich, Herr, über uns!

Text: Friedrich Walz
Melodie: Spiritual
Textrechte: Voggenreiter & Strube Verlag GmbH, München

Wir teilen Brot I

Wir tei - len Brot wir tei - len Saft und bit - ten Gott um neu - e Kraft, das Le - ben zu be - ste - hen.

Text und Musik: Bernd Schlaudt
Alle Rechte beim Autor

Wir teilen Brot II

Wir tei - len Brot! Wir tei - len Saft! Und bit - ten Gott, um neu - e Kraft!

Melodie und Text: Walter Ritter
Alle Rechte beim Autor
Quelle: „Miniliedchen", Züricher Landeskirche

Nimm, o Herr, die Gaben

1. Nimm, o Herr, die Ga-ben, die wir brin-gen.
Sieh auf uns und seg-ne Brot und Wein.
Al-les Be-ten und al-les Sin-gen, soll al-lein für
dich un-ser Lob voll Ehr-furcht sein.

2. Laß uns alle deine Jünger werden.
   Wer sein Leben mit dir wagt gewinnt.
   Denn durch Brot und Wein schenkst du Leben.
   Dafür danken wir, großer Gott dir allezeit.

ursprünglicher Text: (nur die Abweichungen)

1. ... was wir beten und was wir singen
   soll allein für dich unsre Opfergabe sein.
2. ... Denn durch dieses Brot schenkst du uns Leben.
   Selbst wenn wir in dieser Welt gestorben sind.

ursprünglicher Text: mdl. überliefert
Musik: nach „Jesus Christ Superstar"
Rechte unbekannt
Neuer Text: Johannes Blohm
Rechte beim Autor

Danke für das Brot

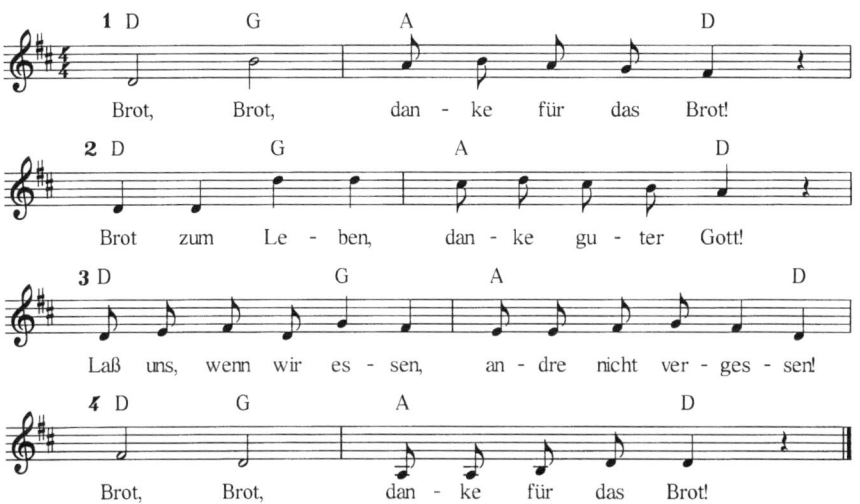

1. Brot, Brot, dan - ke für das Brot!

2. Brot zum Le - ben, dan - ke gu - ter Gott!

3. Laß uns, wenn wir es - sen, an - dre nicht ver - ges - sen!

4. Brot, Brot, dan - ke für das Brot!

Text: Rolf Krenzer
Melodie: Peter Janssens
aus: „Ich schenke dir einen Sonnenstrahl", 1985
alle Rechte im Peter Janssens Musik Verlag, Telgte-Westfalen

Danket, danket dem Herrn

Dan-ket dan - ket dem Herrn, denn er ist sehr freund - lich sei - ne Güt und Wahr - heit wäh - - ret e - wig - lich

Text: nach Psalm 106,1
Melodie: mündlich überliefert

Danke schön

1. Dan-ke schön, oh mer - ci. Al - le Kin-der die - ser Er - de.

Dan - ke schön, thanks a lot, dan - ken dir, du gu - ter Gott.

Refr.: Du hast uns ge - ge - ben nun ein neu - es Le - ben,

daß wir hier auf Er - den dei - ne Kin - der wer - den.

2. Danke schön! Chausiä *(chinesisch)*, du hast uns den Weg gewiesen.
Danke schön! Gracias! Wie man liebt ohn Unterlaß.

3. Wiedersehn! Au revoir! Denn wir werden wiederkommen.
Wiedersehn! Adios! Deine Liebe ist so groß.

Text und Musik: unbekannt
Rechte unbekannt

Jesus Brot Jesus Wein

Je - sus Brot Je - sus Wein, vor un-serm Tod
Le - ben wird sein. Dank für Brot dank für Wein.

Text: Friedrich Karl Barth, Peter Horst
Musik: Peter Janssens
aus: „Uns allen blüht der Tod", 1979
alle Rechte im Peter Janssens Musik Verlag, Telgte-Westfalen

Guter Gott, danke schön

1. Gu - ter Gott, dan - ke schön! Wenn wir nun nach
Hau - se gehn. Du gabst uns Speis und Trank,
dir sei Lob und Dank. Fröh - lich ge - he ich, denn der Herr
seg - net mich. Fröh - lich ge - he ich, er be - glei - tet mich.

2. Segne uns, guter Gott, daß wir halten dein Gebot,
   daß wir treu zu dir stehn, deine Wege gehn.

3. Sonnenschein laß es sein bis in unser Herz hinein,
   daß wir stets frohgesinnt deine Kinder sind.

Text: H. Bergmann
Musik: H. Wortmann
aus: „Pfälzer Kindermesse"
Rechte: Studio Union im Lahn-Verlag, Limburg

Miteinander essen

1. Mit - ein - an - der es - sen, das kann schön sein, froh zu Ti - sche sit - zen, lie - ben wir. Ga - ben laßt uns tei - len und auch noch ver - wei - len, schön, daß wir zu - sam - men sind, schön, daß wir zu - sam - men sind.

2. ‖: Jesus gab ein Beispiel für uns alle, aß mit vielen Menschen brüderlich :‖
Viele sind so einsam, wären gern gemeinsam,
kommt, wir schließen keinen aus,
kommt, wir schließen keinen aus.

3. ‖: Doch, nicht zu vergessen, wenn wir essen, dafür auch zu danken, lehrte ER! : ‖
Denn die guten Gaben könnten wir nicht haben,
gäbe es nicht Gottes Kraft,
gäbe es nicht Gottes Kraft.

4. ‖: Da, wo Jesu Freunde heute leben, wolln sie nicht vergessen Christ, den Herrn. : ‖
Bleibt lebendig immer, man vergißt ihn nimmer:
Tischgemeinschaft hält man gern,
Tischgemeinschaft hält man gern.

Text und Musik: Wolfgang Longardt
aus: „Kinderbibeltage - Kinderbibelwochen"
Rechte: Gütersloher Verlagshaus Gütersloh 1993

Kommt, wir pflanzen den Hoffnungsbaum

G | D | C | D
Kommt, wir pflan-zen den Hoff-nungs-baum! Kommt! Kommt!

1. G | 2. G | D | G
Kommt! | Kommt! 1. Die Wur - zeln, die

D/F | C/F | D/F | G | D
Wur - zeln, das sind Ge - dan - ken und Träu - - me, die

G | D/F | C/F | D
grei - fen, die wach - sen ge - gen den Eis - sturm, die

G | D | G
Angst. Der Baum, der nicht bricht,

C G | D | C | D
un - ter dem Gott wohnt, der Baum Fürch - te dich -

G Gmaj7 | C | D | G D4 3
nicht! Der Baum Fürch - te - dich - nicht!

2. Die Äste, die Zweige, das sind Gespräch und Gebet -
die treiben, die steigen gegen den Wirrwind, die Angst. Der Baum, der ...

3. Die Blüten, die Blätter, das sind unser Lachen und Lieder -
die blühen, die grünen gegen den Nachtwind, die Angst. Der Baum, der ...

Text: Kurt Rose
Musik: Detlev Jöcker
aus: MC und Liederbuch „Das Liederbuch zum Umhängen 1"
Rechte: Menschenkinder Verlag, 48157 Münster

Jesus schenkt Brot zu dem Fest

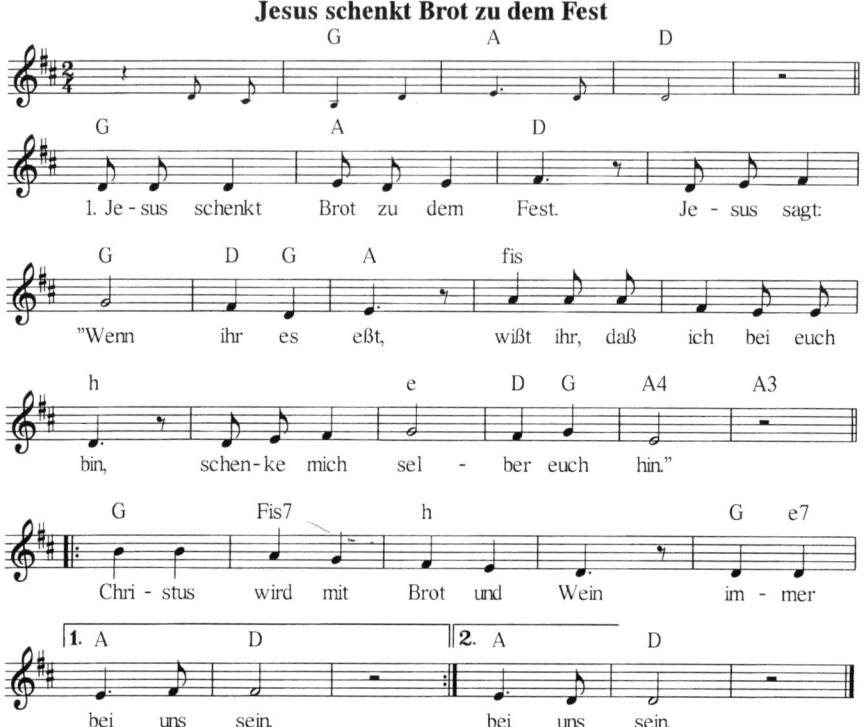

1. Je-sus schenkt Brot zu dem Fest. Je-sus sagt: "Wenn ihr es eßt, wißt ihr, daß ich bei euch bin, schen-ke mich sel - ber euch hin." Chri-stus wird mit Brot und Wein im - mer bei uns sein. bei uns sein.

2. Jesus schenkt Wein zu dem Fest. Jesus sagt: „Trinket und eßt!"
Jesus, wir folgen dir gern, treten zum Tisch unsres Herrn.
Christus wird mit Brot und Wein immer bei uns sein.

3. Jesus lädt wieder zum Fest. Jesus sagt: „Trinket und eßt!"
Jesus, wir folgen dir gern, treten zum Tisch unsres Herrn.
Christus wird mit Brot und Wein immer bei uns sein.

4. Zeichen für Leben und Tod. Er tat, was Gott ihm gebot.
Er lebt und wird immer sein. Nehmt von dem Brot und dem Wein.
Christus wird mit Brot und Wein immer bei uns sein.

5. Jesus lädt wieder zum Fest. Jesus sagt: „Trinket und eßt.
Nehmt ihr das Brot und den Wein, werde ich stets bei euch sein!"
Christus wird mit Brot und Wein immer bei uns sein.

Text: Rolf Krenzer
Musik: Peter Janssens
aus: Von Jesus will ich singen, 1987
alle Rechte im Peter Janssens Musik Verlag, Telgte-Westfalen

Bewahre uns, Gott

Be - wah - re uns, Gott, be - hü - te uns, Gott, sei mit uns auf un - sern We - gen. Sei Quel - le und Brot in Wü - sten - not, sei um uns mit dei - nem Se - gen. Sei Se - gen.

2. Bewahre uns, Gott, behüte uns, Gott, sei um uns in allem Leiden.
‖: Voll Wärme und Licht im Angesicht, sei nahe in schweren Zeiten. :‖

3. Bewahre uns, Gott, behüte uns, Gott, sei mit uns vor allem Bösen.
‖: Sei Hilfe und Kraft, die Frieden schafft, sei in uns, uns zu erlösen. :‖

4. Bewahre uns, Gott, behüte uns, Gott, sei mit uns durch deinen Segen.
‖: Dein Heiliger Geist, der Leben verheißt, sei um uns auf unsern Wegen. :‖

Text: Eugen Eckert (1985) 1987
Musik: Anders Ruuth (um 1968) 1984 „La paz del Señor"
Rechte: Strube Verlag GmbH, 80336 München

Daß du mich einstimmen läßt

(A) D A D G

Daß du mich ein - stim - men läßt in dei - nen Ju - bel, o Herr, dei - ner

D A D A

En - gel und himm - li - schen Hee - re, das er - hebt mei - ne See - le zu

D G D A D

dir, o mein Gott; gro - ßer Kö - nig, Lob sei dir und Eh - re!

G D

1. Herr, du kennst mei - nen Weg, und du eb - nest die Bahn, und du

G E D A

führst mich den Weg durch die Wü - ste.

2. Daß du mich...
Herr, du reichst mir das Brot, und du reichst mir den Wein und du bleibst selbst,
Herr, mein Begleiter.

3. Daß du mich...
Und nun zeig mir den Weg, und nun führ mich die Bahn, deine Liebe zu verkünden!

4. Daß du mich...
Herr, ich dank´ dir, mein Gott, und ich preise dich, Herr, und ich schenke dir mein
Leben!
Daß du mich...

Text und Melodie: Kommunität Gnadenthal
Rechte: Präsenz-Verlag, Gnadenthal

Jede Pflanze braucht viel Sonne

Je - de Pflan - ze braucht viel Son - ne,
Re - gen, Nah - rung, al - ler - hand.
So erst kriegt sie star - ke Wur - zeln,
so be - kommt sie fes - ten Stand.
Wie ein Pflänz - chen ist mein Glau - be,
hat ge -keimt, wuchs lang - sam auf, neu - es Le - ben
aus der Tau - fe will Ent -fal - tung, strebt hin- auf.

2. Warme Strahlen, Luft und Regen braucht, wer Leben will als Christ,
gute Worte, Gottes Segen und daß er Christus nie vergißt.

3. In Gemeinschaft wächst die Pflanze - Schwestern, Brüder neben mir,
und wenn Gegenwind kommt, weiß ich: „Andre Christen helfen mir."

4. Ich will mich in der Liebe üben, will wachsen Gottes Himmel zu,
nach oben, aber auch zur Seite, bin geschaffen für ein DU.

5. Wie ein Pflänzchen ist mein Glaube, hat gekeimt, wuchs langsam auf.
Neues Leben aus der Taufe will Entfaltung, strebt hinauf.

Text und Musik: Wolfgang Brändlein
Rechte: Jericho, Neue Lieder - Litugien - Kunst in der Kirche e.V.
Klüpfelsmühle, 97453 Schonungen

Anhang

Literaturverzeichnis

Abendmahl, in: Theologische Realenzyklopädie hg. von Krause, G. und Müller G., Band 1 S. 43–328, Berlin/New York 1977 (TRE)

Bader, Günter: Die Abendmahlsfeier, Liturgik – Ökonomik – Symbolik, Tübingen 1993

Beer, Norbert, (Hg.): Christliche Kirchen feiern das Abendmahl, Eine vergleichende Darstellung, Bielefeld 1993

Comenius Institut, Abendmahl mit Kindern, Dokumentation 4: Entwicklungen in den Evangelischen Kirchen in der Bundesrepublik Deutschland und in der Deutschen Demokratischen Republik 1977–1982, Münster 1983

Domay, Erhard (Hg): Abendmahl. Gottesdienste, Predigten, Gestaltungsvorschläge, liturgische Texte, Reihe Gottesdienst Praxis, Serie B, Gütersloh 1993

Eggenberger, Hans (Hg.): Abendmahl – auch für Kinder? Grundsätzliche Überlegungen, Praxisberichte und Materialien, Zürich 1979

Gerlach, Heinz: Kinder beim Abendmahl, Argumente, Modelle, Gebete und neue Lieder, Kassel 1979

Höner, Herbert: Praxishilfe: Neue Formen der Gemeinschaft: essen-feiern-meditieren, Gütersloh 1980

Hermans, Jo: Eucharistie feiern mit Kindern, Eine liturgiewissenschaftliche Studie über die Teilnahme des Kindes an der Eucharistiefeier in Vergangenheit und Gegenwart, Brügge/Kevelaer 1991

Kenntner, Eberhard: Abendmahl mit Kindern, Versuch einer Grundlegung unter Berücksichtigung der geschichtlichen Wurzeln der gegenwärtigen Diskission in Deutschland, Gütersloh 1980

Köhler, Liselotte: Säugling und Kleinkind aus der Sicht der modernen Entwicklungsforschung, in: Wege zum Menschen Heft 2/1996 (Köhler)

Lienhard, Martin: Mit Kindern Abendmahl feiern. Modelle, Reflexionen, Materialien, München 1978

Maschwitz Gerda und Rüdiger (Hg): Komm, wir essen zusammen, Mit Kindern das Essen erleben, Offenbach 1986

Die Meßfeier, Eine Dokumentensammlung, Auswahl für die Praxis, hg. vom Sekretariat der Deutschen Bischofskonferenz, Bonn 1995, Bezug: Sekretariat ... Kaiserstr. 163, 53113 Bonn

Müller-Fahrenholz, Geiko (Hg.): ... und wehret ihnen nicht. Ein ökumenisches Plädoyer für die Zulassung von Kindern zum Abendmahl, Frankfurt 1981

Rehm, Johannes: Das Abendmahl, Römisch-Katholische und Evangelisch-Lutherische Kirche im Dialog, Mit einer Einführung von Hans Küng, Gütersloh 1992

Reissing, Siegfried: Abendmahl mit Kindern, Arbeitshilfe und Gottesdienstentwürfe, hg. vom Kinderwerk der Evangelisch-methodistischen Kirche, Stuttgart 1995

Riehm, Heinrich (Hg.): Freude am Gottesdienst. Festschrift für Frieder Schulz. (verschiedene Beiträge zum Thema Abendmahl), Bezug: Beethovenstr. 2, 69121 Heidelberg

Schneider, Barbara: Kinder haben andere Maßstäbe – Leben in einer Erwachsenengesellschaft, in: Wege zum Menschen Heft 2/1996 (Schneider)

Seiler, Dieter: Frühe Schicksale des Glaubens, Überlegungen zur fides Infantium, in: Wege zum Menschen Heft 2/1996 (Seiler)

Thema Abendmahl, Texte, Bilder, Übungen (Löwensteiner Materialdienst 1981, Bezug: Evangelische Tagungsstätte, 25864 Löwenstein-Altenau

Vereinigte Evangelische Kirche in Deutschland: Teilnahme von Kindern am Heiligen Abendmahl in: Texte aus der VELKD Nr.1/1978, hg. von der Generalsynode der VELKD Bad Gandersheim 1977, Hannover 1978 (VELKD Nr.1/1978)

Völker, Alexander (Hg.): EUCHARISTIE, Beiträge zur Theologie der Erneuerten Agende, im Auftrag der Lutherisch Liturgischen Konferenz, Berlin 1993 (Völker)

Weber, Hans-Rüdi: Jesus und die Kinder, Hamburg 1980

Weitere Materialien

Abendmahl mit Kindern, Gottesdienstentwürfe, Bausteine, Lieder, Buchbesprechungen, hg. vom Westfälischen Verband für Kindergottesdienst 1982, Bezug: Olpe 35, 44135 Dortmund

Abendmahl mit Kindern, Eine liturgische Hilfe, Eine Handreichung, Ein Elternbrief, hg. im Auftrag des Landeskirchenrates der Evanglisch-Lutherischen Kirche in Bayern 1978, Bezug: Landeskirchenamt, Postfach 20 07 51, 80007 München

Abendmahl mit Kindern, Eine Handreichung der VELKD (Anregungen, Materialien, Texte), Hamburg 1978

Abendmahl mit Kindern, Feiernde Gemeinde Heft 2: Anregungen – Materialien – Texte, hg. von Jordahn Ottfried/u.a., Eine Handreichung der Vereinigten Evangelisch-Lutherischen Kirche Deutschlands, Hamburg 1978

Abendmahl mit Kindern, Theologische Überlegungen und Praxisbeispiele hg. vom Referat »Verkündigung und Seelsorge« der Evangelischen Kirche in Hessen-Nassau, Darmstadt 1984, Bezug: Kirchenverwaltung, Referat Verkündigung und Seelsorge, Paulusplatz 1, 64285 Darmstadt

Abendmahl mit Kindern, Eine Handreichung hg. vom Liturgischen Ausschuß der Evangelischen Kirche Westfalen, Materialien Heft 24 Reihe A
Theologie und Verkündigung, Bielefeld 1986

Biblische Mahlfeiern im Religionsunterricht der Grundschule, Familiengottesdienst, Audiovisuelle Medien. Mit Eltern und Paten zum Abendmahl,
u.a., Bielefeld 1987

Bottermann-Broj, Maria-Regina: Die Geschichte der Emmaus-Jünger den
Kindern erzählt, mit Bildern von Gertrud Schrör, Kevelaer 1994

Die Christenlehre, Zeitschrift für den katechtischen Dienst, Heft 4/1978:
Aufsätze zum Thema und Vorbereitungsmodelle, Potsdam 1978

Dietermann, Joachim: Mit Kindern Abendmahl feiern, Materialheft Nr. 61
der Beratungsstelle für Gestaltung von Gottesdiensten und anderen Gemeindeveranstaltungen 1991, Bezug: Eschersheimer Landstr. 565, 60431
Frankfurt

Fischer, Ulrich / Hilkert, Manfred: Abendmahl feiern mit Kindern, Eine Arbeitshilfe, Karlsruhe 1996, Bezug: Evangelischer Oberkirchenrat, Blumen-
str. 1, 76133 Karlsruhe

Geilen, Hedwig: Kommt – eßt und trinkt!, Erstkommunionvorbereitung –
mit allen Sinnen, München 1993

Gottesdienste mit Kindern, Arbeitshilfe für Mitarbeiterinnen und Mitarbeiter im Kindergottesdienst, hg. vom Landeskirchenamt der Evangelischen
Kirche von Kurhessen-Waldeck, Kassel 1992

Kind und Abendmahl, Liturgische Blätter Nr. 47 und 48, hg. im Auftrag des
Landeskirchenrates der Evangelischen Kirche der Pfalz 1989, Speyer 1989

Kinder beim Abendmahl, Materialdienst, Hinführung, Vorbereitung,
Durchführung, hg. vom Rheinischen Verband für Kindergottesdienst 1983
Bezug: Graf-Recke-Str. 209, 40237 Düsseldorf (Kopien, Mappe vergriffen)

Küstenmacher, Werner: Chris, die Kerze, und die Geschichte vom Abendmahl, Ein Buch zur Konfirmation, Augsburg/Stuttgart 1995

Küstenmacher, Werner: Tikis Farbfolien, 16 Farbfolien zu Themen aus dem
Alten und Neuen Testament, Augsburg/Stuttgart 1996

Mit Kindern Abendmahl feiern, Grundsätze – Argumente – Beispiele, in: Di-
daskala Heft Nr. 27, Schriftenreihe der Evangelischen Kirche von Kurhessen-Waldeck, Kassel 1982

Mit Kindern am Tisch des Herrn, Modelle zur Begleitung der Kinder (Texte,
Bilder), hg. von der Kommission für Erwachsenenbildung der Evangelisch-
Reformierten Kirche des Kanton Freiburg, Heft und Poster 1985, Bezug:
Schweizerischer Sonntagsschulverband, CH 8415 Berg am Irschel

Müller, Birgit: Segensworte und Segensgesten, Materialheft Nr. 72 der Beratungsstelle für Gestaltung von Gottesdiensten und anderen Gemeindeveranstaltungen 1994, Bezug: Beratungsstelle für ... Eschersheimer Landstr. 565, 60431 Frankfurt, (Materialheft 72)

Schindler, Regine: Jesus teilt das Brot, Eine Geschichte zum Abendmahl
Lahr 1986

Tüshaus, Gertrudis, Du deckst mir den Tisch. Kindern feiern Eucharistie. 12
Gottesdienstmodelle, Freiburg 1990

Um einen Tisch, Kinderbibelwoche, erstellt von H.Harbig/u.a., hg. Evange-
lisches Bildungswerk Berlin, Haus der Kirche, Abtl. Gemeindeberatung,
Bezug: Evang. Bildungswerk, Goethestr. 28–30, 10625 Berlin

Zink, Jörg: Brot und Wein für alle Menschen. Bilder zur Eucharistie, dem
heiligen Abendmahl, mit Betrachtungen zu dem, was den Christen gemeinsam ist, Verlag am Eschbach 1983

Zum Abendmahl geladen, Liturgische Bausteine für Abendmahlsgottesdienste, KU Praxis 27, Gütersloh 1990

Sie, die Eltern, sind ganz wichtig
Ein Brief an Eltern

Im Auftrag des Landeskirchenrates der Evangelisch-Lutherischen Kirche in Bayern wurde dieser Brief herausgegeben, in dem die Bedeutung der Eltern und Erziehungsberechtigten beschrieben wird und konkrete Vorschläge zur Gestaltung ihrer Verantwortung gemacht werden. Trotz der Veröffentlichung im Jahr 1978 gibt er Eltern, die ihre Kinder bewußt auf dem Weg zur Feier des Abendmahls begleiten, gute Anregungen. Er ist in Auszügen wiedergegeben.

Liebe Eltern,

Sie haben den Wunsch, gemeinsam mit Ihren Kindern zum heiligen Abendmahl zu gehen. Zunächst sollten Sie einmal wissen, daß Sie mit Ihrem Wunsch keinesfalls allein dastehen. (…)

Bei Familiengottesdiensten, auf Familienfreizeiten und bei Gemeindefesten bürgern sich neue Formen des Gottesdienstes und der Abendmahlspraxis ein. Bei solchen familienbezogenen Feiern empfinden es viele Eltern als unmöglich, daß ausgerechnet beim Abendmahl die Gemeinschaft der ganzen Gemeinde zerrissen werden sollte. Christus lädt zur Gemeinschaft ein, und zu dieser Gemeinschaft gehören selbstverständlich die Kinder mit dazu. (…) Aber können sie »unterscheiden zwischen einem gewöhnlichen Essen und dem Empfang des heiligen Abendmahls?« Können Kinder verstehen, was die Worte zu Brot und Wein bedeuten? Wie kann eine verantwortungsvolle Vorbereitung der Kinder aussehen? (…)

Abendmahl auch für Kinder

Die Vereinigte Evangelisch-Lutherische Kirche in Deutschland hat sich ausführlich mit diesen Fragen befaßt. Sie kam zu dem Ergebnis, daß eine solche Hinführung zum Abendmahl möglich ist. Das Geheimnis der Gegenwart Christi in den Elementen beim Abendmahl ist freilich auch für einen Erwachsenen und Konfirmanden, erst recht aber für den Verstand eines Kindes schwer erfaßbar. Da aber das Kind noch stärker als der spätere Jugendliche und Erwachsene Erfahrungen nicht nur verstandesmäßig, sondern ganzheitlich mit allen Sinnen aufzunehmen vermag, ist auch eine Vorbereitung und Hinführung für Kinder zur Teilnahme am Abendmahl möglich.

Die Eltern sind gefragt

Wer soll nun das Kind vorbereiten? Je kleiner das Kind, desto eindeutiger liegt die Verantwortung für seine religiöse Erziehung bei den Eltern. Vor allem aber haben Eltern hier eine Möglichkeit, ihren Kindern das zu vermitteln, was ihnen selbst in ihrem Leben lieb und wichtig ist. Die Angebote einer Kirchengemeinde, z.B. im Kindergottesdienst, können hinzukommen. Aber sie können das Elternhaus eigentlich nur unterstützen, ersetzen können sie es nicht. Die wichtigen ganzheitlichen Erfahrungen für den Glauben macht das Kind daheim im gemeinsamen Leben mit seinen Eltern.

Etwas leichter wird es für Eltern, wenn sie an einer Familienfreizeit teilnehmen und da mit ihren Kindern das heilige Abendmahl feiern. Dort erleben sie eine gemeinsame Vorbereitung der Gruppe. (...)

Was tun?

Es beginnt damit, daß Sie sich selbst klar sein müssen, ob es für Sie nur ein augenblickliches Bedürfnis ist, mit Ihren Kindern zum Abendmahl zu gehen oder ob Sie eine dauerhafte Praxis anstreben. Sinn und Bedeutung des Sakraments kann sich dem Kind erst in einer ständigen Wiederholung tiefer erschließen.

Die Vorbereitung zu Hause

Das Kind macht ganzheitliche Erfahrungen: Es hört und sieht, schmeckt und fühlt gewissermaßen nicht nur mit den Sinnesorganen, sondern mit dem Herzen. Vor allem nimmt es Stimmungen der Menschen wahr, mit denen es zusammenlebt und die es mag. Darum fragen wir zunächst: Was können wir tun, daß der Tag des Abendmahlgangs ein schöner Tag wird?

Vor allem ist es wichtig, daß sich ihr Kind freut, gemeinsam mit den Eltern zur Kirche gehen zu dürfen. Und es sollte sich von Mal zu Mal mehr freuen. Wenn das Erlebnis für das Kind unter Zwang und Unlust steht, wird für seinen späteren Glaubensweg mehr verbaut als eröffnet.

Ist es aber stolz darauf, von den Eltern beteiligt zu werden, kann ihm der gemeinsame Gang zu einem tiefen Erlebnis werden. (...)

Wir feiern ein Fest!
Kinder sind in stärkerem Maße von äußeren Formen abhängig als Erwachsene. (...) Das heißt nicht, daß es ernst oder gar düster zugehen muß, denn
die Feier der Gemeinschaft mit Christus ist ein Anlaß zur Freude, ein Freudenfest. (...)

In der Kirche
Vor allem müssen wir über die äußeren Vorgänge bei der Abendmahlsfeier
sprechen, die den Kindern zunächst wahrscheinlich völlig fremd sind. Vielleicht nehmen wir vorher gemeinsam an einem Abendmahlsgottesdienst
teil, ohne selbst nach vorne zum Altar zu gehen; wir könnten dann den Ablauf der Feier den Kindern erklären.

Es beginnt damit, daß den Kindern das Kircheninnere vertraut sein soll
oder durch das öftere Besuchen von Kirchen (auch bei Sonntagsausflügen
oder in den Ferien) vertraut wird.

Der Altar als »Tisch des Herrn«, Altarschmuck, Gemälde, schließlich die
Abendmahlsgefäße weisen auf das besondere Essen und Trinken beim heiligen Abendmahl hin.

Das Kernstück der Abendmahlsfeier ist die Austeilung von Brot und
Wein mit den Worten »Christi Leib, für dich gegeben« und »Christi Blut, für
dich vergossen« oder einem ähnlichen Spendewort.

Das Kind soll schrittweise erfahren, daß der gekreuzigte und auferstandene Christus sich ihm persönlich zuwendet und ihm Anteil an seinem Leben gibt. Es kann nicht darauf ankommen, daß das Kind im Vollsinn »versteht«. Es soll gerade dies begreifen, daß das »für dich« wie allen anderen
auch ihm gilt. (...)

Die Austeilung nimmt auf die Einsetzungsworte Bezug, die das folgende
Geschehen in besonderer Weise kennzeichnen und das Essen und Trinken
von gewöhnlichem Essen und Trinken abheben.

Auch in der Haltung der Empfangenden wird ein besonderes Verständnis sichtbar von dem, was da geschieht. Dort, wo man kniet, drückt man in
besonderem Maß die Heiligkeit des Geschehens aus. Aber auch das Stehen
ist ein Ausdruck von Ehrfurcht, während das Sitzen im Kreis und das Her-
umgeben von Brot und Wein stärker den Gedanken enger Gemeinschaft betont und auch nur in jeweils geschlossenen Gruppen denkbar ist. (...)

So gehört beides zusammen, in bestimmte Haltungen und Gefühle ein-
üben und gleichermaßen zu erklären, was man tut und warum man es tut.

In der Regel singen Kinder gerne. Vielleicht bleibt vom Gottesdienst her eine Melodie im Ohr; vielleicht kennen die Kinder ein Lied aus dem Kindergottesdienst, dem Kindergarten oder dem Religionsunterricht, das wir auch gelegentlich zu Hause singen können.

Geschichten erzählen

Es hängt vom Alter der Kinder ab, ob wir zur Vorbereitung auf das heilige Abendmahl eine biblische Geschichte vorlesen oder ein biblisches Bilderbuch gemeinsam anschauen.

Am besten ist wohl doch, frei zu erzählen, wie Jesus mit seinen Jüngern gelebt hat, wie sie das Passa-Mahl gefeiert haben, wie er dabei das Sakrament eingesetzt hat, und wie er damit auch uns, die wir doch so viel später leben, zu seinem Mahl und seiner Gemeinschaft einlädt.

Bei der einen Geschichte wird es dann nicht bleiben. Wir stoßen darauf, daß Jesus in der Mahlgemeinschaft mit Sündern und Außenseitern sich zu diesen bekennt und alle Grenzen zwischen Menschen überwindet (z. B. »Zachäus«, Lukas 19,1–10).

Die »Emmaus-Jünger« erkennen den Auferstandenen beim gemeinsamen Mahl am Brotbrechen (Lukas 24,13–25) – hier geht es vor allem um die Erfahrung, daß der Auferstandene gegenwärtig ist.

Im Gleichnis vom »verlorenen Sohn« drückt das gemeinsame Mahl die Freude darüber aus, daß der Verirrte zurückgekehrt ist (Lukas 15,11–32). Das Gleichnis vom »Großen Gastmahl« betont die Freude über die endzeitliche umfassende Gemeinschaft mit Gott (Matthäus 22,1–14).

Von jeder Geschichte her gewinnt das Mahl einen neuen Aspekt und eine Bereicherung.

Vielleicht können wir dann auch aus unserem eigenen Leben erzählen, wie wir das erste Mal am Abendmahlsgottesdienst teilgenommen haben. (…)

Kinder lernen zuerst mit dem Gefühl, bevor sie mit dem Verstand lernen.

Kinder lernen zuerst im gemeinsamen Tun, bevor sie für Belehrungen und Unterricht empfänglich sind.

Kinder lernen zuerst von den Menschen, die sie lieben, die sie mögen, die ihnen etwas bedeuten.

Andere Länder, andere Sitten?
Ein Blick in die Landeskirchen und Konfessionen

Viele interessiert es, wie es bei diesem Thema in ihrer Landeskirche aussieht. Deshalb wurden alle Landeskirchen in der Evangelischen Kirche in Deutschland und die Mitglieder der Arbeitsgemeinschaft Christlicher Kirchen angeschrieben und um Auskunft gebeten, wie die aktuelle Situation ist im Blick auf die Zulassung von Kindern zum Abendmahl.

Viele haben geantwortet und zum Teil sehr detailliert die Situation beschrieben. Die Fülle von Ergebnissen wird zur besseren Übersichtlichkeit auf die wesentlichen Grundinformationen eingegrenzt. Weitere Auskünfte geben dann die landeskirchlichen Dienststellen, die Landesverbände oder landeskirchlichen Beauftragten.

In den meisten Landeskirchen gibt es eine ziemlich ähnliche Regelung: etwa in den Jahren 1977 bis 1980 wurde von den Kirchenleitungen die Zulassung der Kinder zum Abendmahl befürwortet, die Entscheidung dazu aber an die Gemeindeleitung übertragen. Kinder etwa ab dem Schulalter (sechs bis sieben Jahre) können nach einer Vorbereitung, wobei diese nicht festgelegt wurde in Form und Umfang, gemeinsam mit den Eltern am Abendmahl teilnehmen. Eine einheitliche liturgische Ordnung ist nicht vorgegeben. Diese Grundregelung gilt überall dort, wo sie mit dem Stichwort »Grundregelung« benannt ist.

Abweichungen davon sind dann extra benannt.

Evangelische Landeskirche Anhalts
Grundregelung
Weitere Auskünfte:
Landeskatechetin Ilse-Lore Franke
Siechenstr. 1
39261 Zerbst

Evangelische Landeskirche in Baden
Grundregelung
Die gesammelten positiven Erfahrungen wurden 1995 in den »Erläuterungen und Ausführungsbestimmungen des Evangelischen Oberkirchenrates

zum Beschluß der Landessynode vom 21.10.1977 zur Frage der Teilnahme von Kindern am Abendmahl« aufgenommen.
Weitere Auskünfte:
Dipl. Relpäd. Manfred Hilkert
Landeskirchlicher Beauftragter
Marie-Alexandra-Str. 22
76135 Karlsruhe

Evangelisch-Lutherische Landeskirche in Bayern
Grundregelung
Weitere Auskünfte:
Amt für Gemeindedienst – Kinderkirche
Landespfarrer Dr. Johannes Blohm
Sperberstr. 70
90461 Nürnberg

Evangelisch-Lutherische Landeskirche in Braunschweig
Grundregelung
Nach einer Erprobungsphase ab 1977 ist nach dem Beschluß der Landessynode von 1986 die Zulassung möglich.
Weitere Auskünfte:
Pastorin Ute Ermerling
Landeskirchliche Beauftragte
Dietrich-Bonhoefferstr. 1
38300 Wolfenbüttel

Bremische Evangelische Kirche
Seit ca. 1982 laden Gemeinden Kinder zum Abendmahl ein. Da die Gemeinden selbständig sind, liegt die Entscheidung allein bei ihnen.
Eine hohe Verantwortung in der Begleitung der Kinder zum Abendmahl liegt bei den Eltern bzw. Erwachsenen.
Weitere Auskünfte:
Pastor Frank Mühring
Landeskirchlicher Beauftragter
Bürgermeister-Smidt-Str. 45a
27568 Bremerhaven

Evangelisch-Lutherische Landeskirche Hannover
Grundregelung
Weitere Auskünfte:
Pastor Albert Wieblitz
Arbeitsstelle Kindergottesdienst
Hanns-Lilje-Haus
Knochenhauerstr. 33
30159 Hannover

Evangelische Kirche in Hessen und Nassau
Grundregelung
Mit der »Lebensordnung der EKHN« von 1991 wurde eine siebenjährige
Erprobungsphase abgeschlossen und die Einladung der Kinder zum Abend-
mahl ermöglicht.
Weitere Auskünfte:
Beratungsstelle für Gestaltung von Gottesdiensten
Eschersheimer Landstraße 565
60431 Frankfurt
und
Pfarrerin Ursula Trippel
Elisabethenstr. 51
64283 Darmstadt

Evangelisch-Lutherische Kirche Nordelbiens
Grundregelung
Weitere Auskünfte:
Pfarrerin Dr. Birgit Grübner
Beauftragte für die Kindergottesdienstarbeit
Pädagogisch-Theologisches Institut
Teilfeld 1
20459 Hamburg

Evangelische Kirche der Pfalz
Grundregelung
Weitere Auskünfte:
Landespfarrer Heinz Scheuermann
Unionstr. 1
67657 Kaiserslautern

Evangelische Kirche im Rheinland
Grundregelung
Weitere Auskünfte:
Landespfarrer Rüdiger Maschwitz
Graf-Recke-Straße 209
40237 Düsseldorf

Evangelisch-Lutherische Landeskirche Sachsens
Grundregelung (ab 1983)
Weitere Auskünfte:
Pfarrer Horst Ramsch
Landeskirchlicher Beauftragter
Bühlauerstr. 44b
01474 Schönfeld-Weißig

Evangelische Kirche der schlesischen Oberlausitz
Grundregelung (ab 1985)
Die Entscheidung für die Gemeinde trifft der Gemeindekirchenrat zusammen mit dem Pfarrer nach Rücksprache mit den Nachbargemeinden. Die Zustimmung der Kirchenleitung ist dann einzuholen.
Weitere Auskünfte:
Christa Fischer
Landeskirchliche Beauftragte
Dorfstraße 34
02906 Petershain

Evangelische Kirche von Kurhessen-Waldeck
Grundregelung (1989 nochmals bekräftigt)
Beschluß des Kirchenvorstands ist dem Landeskirchenamt mitzuteilen.
Weitere Auskünfte:
Pfarrer Michael Fenner und die anderen landeskirchlichen Beauftragten
Kandelsgasse 4
35083 Wetter

Evangelische Kirche in Westfalen
Grundregelung (ab 1989)

Weitere Auskünfte:
Pastorin Kerstin Othmer-Haake
Olpe 35
44135 Dortmund

Evangelische Landeskirche in Württemberg
Grundregelung (Aufnahme in die Abendmahlsordnung von 1995)
Weitere Auskünfte:
Landespfarrer Gottfried Mohr
Adolf-Kröner-Straße 16
70184 Stuttgart

Evangelisch-reformierte Kirche
Auf Grund der besonderen rechtlichen Ordnung der reformierten Kirche
bestimmt die Landeskirche auf der Basis der Beschlüsse der Gesamtsynode
liturgische Ordnungen. Die Kirchengemeinden können diese per Beschluß
des Kirchenrates übernehmen oder nicht.
Der Theologische Ausschuß hat der Gesamtsynode 1997 eine Handreichung
vorgelegt: »Die Gemeinde und ihre Kinder – Die Kinder in der Gemeinde«,
die z. Zt. in den Gemeinden beraten wird. Die Handreichung empfiehlt die
Einladung der Kinder zum Abendmahl.
Eine verbindliche liturgische Ordnung soll vorgeschlagen werden.
Weitere Auskünfte:
Präses Alfred Mengel
Hermann-Meier-Str. 3
49838 Lengerich/Emsland

Selbständige Evangelisch-Lutherische Kirche
Seit 1983 ist die Teilnahme von Kindern (ab dem 10. Lebensjahr) am Abend-
mahl möglich.
Kirchenvorstand und Pfarrer entscheiden für die Ortsgemeinde. Eine ca. 2-
jährige kirchliche Unterweisung wird empfohlen.
Eine verbindliche liturgische Ordnung gibt es nicht.
Weitere Auskünfte:
Pfarrer K. P. Mahlke
Kommission für kirchliche Unterweisung
Bleckmar 32
29303 Bergen

Gemeinschaft der Siebenten-Tags-Adventisten
Kinder können bei den Abendmahlsgottesdiensten dabeisein, aber am Abendmahl selbst nicht teilnehmen. Für die Teilnahme ist die Taufe Voraussetzung.

Die Taufe wird aber als Glaubenstaufe vollzogen, d.h., daß nur Erwachsene oder Jugendliche getauft werden.

Bisher hat der in Fragen der Lehre und Gemeindeordnung zuständigen Generalkonferenz-Vollversammlung (Weltsynode) noch kein Antrag auf Zulassung von Kindern zum Abendmahl vorgelegen. Ob so ein Antrag wegen des gegebenen Tauf- und Abendmahlsverständnisses vorgelegt wird, erscheint fraglich.

Weitere Auskünfte:

Pastor Holger Teubert

Presse- und Informationsstelle

Postfach 4260

73745 Ostfildern-Ruit

Europäisch-Festländische Brüder-Unität
Die Teilnahme von Kindern (ab 10 Jahren) am Abendmahl ist seit 1974 möglich.

Der örtliche Ältestenrat entscheidet für die Gemeinde. Die Kinder sind entsprechend vorzubereiten.

Eine verbindliche liturgische Ordnung gibt es nicht.

Weitere Auskünfte:

Brüder-Unität

Badwasen 6

73087 Bad Boll

Bund Freier Evangelischer Gemeinden in Deutschland
Am Abendmahl nehmen diejenigen teil, die sich im Glauben bewußt zu Jesus Christus bekannt haben und diesen Glauben leben.

Daraus folgt, daß es keine Abendmahlsfeiern gibt, an denen Kinder generell teilnehmen. Die Entscheidung wird jeweils für den Einzelfall in der Gemeinde mit dem Pastor, den Gemeindeältesten und den Betroffenen (Kind/Eltern) getroffen.

Weitere Auskünfte:
Kindergeschäftsstelle
Herr Gerhard Mosner
Postfach 4005
58426 Witten

Bund Evangelisch-Freikirchlicher Gemeinden
Am Abendmahl nehmen die getauften Gemeindeglieder teil. Mit der Taufe
ist die Gemeindemitgliedschaft erworben. Kinder (ab etwa dem 12. Lebens-
jahr) können auf eigenen Wunsch hin getauft werden und dann am Abend-
mahl teilnehmen.
In den einzelnen Gemeinden kann diese Altersgrenze unterschiedlich ge-
handhabt werden.
Eine verbindliche liturgische Ordnung gibt es nicht.
Weitere Auskünfte:
Gemeindejugendwerk, Referat Kinderarbeit
Herr Siegfried Holtz
Rennbahnstraße 115b
22111 Hamburg

Griechisch-Orthodoxe Metropolie von Deutschland
Exarchat von Zentraleuropa
In der griechisch-orthodoxen Kirche gibt es die Säuglings- und Kinderkom-
munion schon immer in jedem Gottesdienst.
Nach der Taufe kann jedes Gemeindeglied an der Kommunion teilnehmen,
auch Säuglinge.
Die Feier der Kommunion geschieht im Rahmen der bekannten Liturgie der
griechisch-orthodoxen Kirche.
Weitere Auskünfte:
Metropolitanbüro
Dietrich-Bonhoeffer-Str. 2
53185 Bonn

Römisch-Katholische Kirche

Die Teilnahme von Kindern jeden Alters an der Meßfeier ist schon immer erlaubt. Die Teilnahme an der Heiligen Kommunion ist gestattet nach einem Vorbereitungsunterricht während des 3.Schuljahres (ca. 9.Lebensjahr). Gemeinde und Eltern stehen in der Verantwortung für eine angemessene Vorbereitung.

Im »Direktorium für Kindermessen« aus dem Jahr 1973 wird eine verbindliche liturgische Ordnung für Kindermessen oder Meßfeiern, an denen Kinder teilnehmen, vorgegeben.

Weitere Auskünfte:

Deutsches Liturgisches Institut

Postfach 2628

54216 Trier

Dank für Beiträge

Ein herzlicher Dank gilt den Kolleginnnen und Kollegen, die Beiträge und Materialien zur Verfügung gestellt haben. Diese sind gekennzeichnet (V), wenn sie für dieses Buch weiterentwickelt oder überarbeitet wurden.

Georg Bücheler
Brot und Wein, die Gaben des neuen Lebens (V)

Bernd Günther
Wie Jesus das Passamahl feierte

Manfred Hilkert
Wir teilen Brot, wie teilen Saft (V)

Werner Schlögel
Wo zwei oder drei in meinem Namen versammelt sind (V)

Klaus Schopf
Jesus gibt fünftausend Menschen zu essen (V)
aus: Abendmahl mit Kindern, EMK-Forum Heft 3
© Christliches Verlagshaus, Stuttgart 1985

Karola Schürrle
Das erste Ma(h)l – ein Elternseminar (V)

Helmut Strack
Mit Kindern Abendmahl feiern – Ein Elternseminar (V)

Ulrich Walter
Was unser Herz stärkt (V)
Bei Jesus sind wir heut zu Gast (V)
Unser tägliches Brot gib uns heute (V)

Herrn Andreas Schley wird gedankt für die Erstellung des Notensatzes und der kollegialen Begleitung bei der Verschriftlichung der neuen Lieder.